독서학교 이야기

독서학교 이야기

초판 1쇄 2022년 2월 22일

지은이 | 임영규

펴낸이 | 조영진
펴낸곳 | 고래가숨쉬는도서관
출판등록 | 제406-2012-000082호
주소 | 경기도 파주시 회동길 329 (서패동) 2층
전화 | 031-955-9680~1 팩스 | 031-955-9682
홈페이지 | www.goraebook.com
이메일 | goraebook@naver.com

ⓒ 임영규 2022

* 값은 뒤표지에 적혀 있습니다.
* 잘못 만든 책은 구입하신 서점에서 바꾸어 드립니다.
* 책의 내용과 그림은 저자나 출판사의 서면 동의 없이 마음대로 쓸 수 없습니다.

ISBN 979-11-89239-78-7 03370

독서학교 이야기

임영규 지음

목차

들어가며   6

독서 교육으로 행복 찾기

제1장

행복한 독서학교 이야기

다윗과 골리앗 이야기   16

행복한 독서학교의 시작   21

에듀팜과 문화공감도서관   29

2021년 원주 독서학교 교육 계획서   32

독서학교 책 선정 이야기   38

    2021년 원주 독서 토론 한마당   39

    『행운이 너에게 다가오는 중』이야기식 독서 토론 발문   41

    독서 토론은 왜 하는가?   47

    '카톡 토론'으로 신나게 수업하기   56

'진로 소논문'으로 진로 설계하기   78

학생들이 만난 독서학교 이야기   92

학부모가 지켜본 독서학교 이야기   114

독서새물결 미네르바 독서학교   117

미네르바 독서학교 개교 및 교육과정(도서) 운영 계획   125

제2장
교육으로 세상에 말 걸기

독서 에세이   154

아침 독서편지   163

행복한 주말 북카페   210

나가며   218
독서 교육으로 나라 살리기

들어가며

독서 교육으로 행복 찾기

박노해 시인은 '부모로서 해줄 단 세 가지'란 시에서 이렇게 노래했습니다.

"첫째는 내 아이가 자연의 대지를 딛고, 동물들과 마음껏 뛰놀고, 맘껏 잠자고, 맘껏 해보며, 그 속에서 고유한 자기 개성을 찾아갈 수 있도록 자유로운 공기 속에 놓아두는 일이다."

"둘째는 '안 되는 건 안 된다.'를 새겨주는 일이다. 살생을 해서는 안 되고, 약자를 괴롭혀서는 안 되고, 물자를 낭비해서는 안 되고, 거짓에 침묵 동조해서는 안 된다. '안 되는 건 안 된다!'는 것을 뼛속 깊이 새겨주는 일이다."

"셋째는 평생 가는 좋은 습관을 물려주는 일이다. (중략) 책을 읽고, 일기를 쓰고, 홀로 고요히 머무는 습관과 우애와 환대로 많이 웃는 습관을 물려주는 일이다."

나는 우리 사회를 행복하게 하는 세 가지를 믿음과 소망과 사랑이라고 생각합니다. 먼저, 우리 이웃을 믿는 작은 행위로 우린 행복할 수 있습니다. 우리 사회 공동체가 우리 시민을 행복하게 할 수 있다는 믿음이 필요합니다. 우리 국가 공동체가 우리 국민을 행복하게 할 수 있어야 하겠습니다. 대통령과 위정자가 청지기의 직분을 인식하고 믿으면 우리 국민들은 행복해집니다. 우리 인류가 가족이라는 믿음이 들면 공동체 모두가 행복합니다.

　소망도 믿음으로 덮어쓰기가 가능합니다. 먼저 우리 이웃에 대한 소망이 있어야 합니다. 나보다 남을 낮게 여기는 겸손함이 우리 이웃을 소망으로 바라보게 할 수 있습니다. 우리 사회 공동체가 우리 시민을 행복하게 할 수 있다는 소망이 필요합니다. 우리 국가 공동체가 우리 국민을 행복하게 할 수 있어야 하겠습니다.

　이 일을 위해 우리에게 필요한 마지막 지혜가 '사랑'입니다. 아무리 믿음이 있어도 소망이 사라지면 믿음도 사라지고 말지요. 믿음과 소망도 사랑의 실천이 없으면 울리는 꽹과리가 되고 맙니다. 모든 비밀과 모든 지식을 알고 또 산을 옮길 만한 믿음이 있을지라도 사랑이 없으면 아무것도 아닙니다. 세상과 믿음의 틈 사이, 보수와 진보의 틈 사이, 빈부와 권력의 틈 사이, 사람과 사람의 역할 사이의 그 틈에 서서, 백성을 사랑하는 시선이 틈 사이에서 온정으로 느껴질 때, 우린 진정한 사랑과 소망을 느낄 수가 있습니다. 그 사랑을 지닌 지도자를 목말라 합니다.

　"누구든지 그리스도 안에 있으면 새로운 피조물이라. 이전 것은 지나갔으니, 보라! 새것이 되었도다."

　그럼 우리 인간 사회를 힘들게 하는 것 세 가지는 뭘까요? 그중에 으뜸은 갈등입니다. 유발 하라리는 농업 혁명이 인류의 불행을 가져왔고, 장차 빅데이터의 도래가 우리 인간을 불행으로 이끌 것을 경고하고 있습니다.

유발 하라리의 생각 중심에 갈등 요소가 있지요. 갈등은 우리 사회를 성장시키기도 하지만 우릴 불행하게도 만듭니다.

우리 사회에는 어떤 갈등이 존재할까요? 원초적인 빈부의 갈등이 오래된 미래가 되고 있습니다. 빈부 갈등은 백신의 면역 효과처럼 어느 정도 극복하고 있습니다. 아직도 지구의 절반은 굶주리고 있고 배부른 사람들은 배고픔을 모르지만, 우리 이웃 중 배만 좀 고플 뿐 행복하게 사는 사람들도 많습니다.

지역 갈등도 심각하지요. 이건 우리나라만의 문제는 아닙니다. 우리도 영남과 호남의 지역 갈등이 극심한 적이 있었습니다. 지금도 완전히 사라졌다고 하긴 어렵지만 예전에 비해 한결 나아졌지요. 편을 갈라야 사는 정치인들이 남긴 유산이기도 합니다.

최근 이념의 갈등은 모든 갈등을 모아 용광로처럼 분출하고 있습니다. 북한하고는 손을 잡아도 안타깝게도 보수와 진보는 서로 적대시하는 것이 오늘 우리의 현실이지요.

우리나라의 보수와 진보는 조선 시대 훈구파와 사림파로 거슬러 올라갑니다. 조선 초기의 기득권 세력은 개국 공신인 훈구파였지요. 이런 훈구파를 견제하기 위해 과거시험으로 선발된 사림의 정계 진출이 두 세력 간의 대립 양상으로 치달았습니다. 훈구파는 당연히 수구를 원하고, 사림파는 개혁을 지향합니다. 사림파는 다시 이조전랑 문제로 동인과 서인으로 분열합니다. 동인은 정여립 모반사건으로 남인과 북인으로, 서인은 허적 아들 역모사건으로 노론과 소론으로 나뉘었습니다. 훈구파와 사림파의 대립으로 시작한 이념 논쟁은 오늘날처럼 정권 쟁탈 도구로 전락하였습니다. 당시의 이념 논쟁을 성숙한 정당 정치로 발전시켰으면 하는 아쉬움이 진하게 남는 대목이기도 합니다.

아직까지도 토론을 갈등의 주범으로 폄하하고 삐딱하게 바라보는 시선도 있지요. 그러나 대부분은 토론을 갈등 해결의 지혜로 보고 있습니다. 그래서 독서 토론을 독서 교육의 '꽃'이라고도 합니다. 독서 토론은 현재 우리나라 교육과정에도 제시되어 있고 반드시 교육해야 할 성취 기준이기도 합니다. 그럼에도 일부에서는 교육과정을 부인하고 토론 자체를 경쟁적이라고 치부하고 비경쟁 토론이라는 삐딱한 신조어를 만들어 냈지요. 사실 교차질의식 형태의 독서새물결 토론은 경쟁적이라기보다는 오히려 더 교육적이지요. 소통과 경청이 필요한 시대에 꼭 필요한 철학적 가치이자 교육 목표이기도 합니다.

찬반 토론을 삐딱하게 보는 것은 토론을 경쟁식 토론이라 몰아붙이는 집단만의 문제는 아닐 것입니다. 국회의원들이 토론만 하면 서로 등지고 원수처럼 말도 섞지 않고 적대시하기 때문이지요. 옳은 토론은 토론을 마치면 두 팀이 하나가 됩니다. 이렇게 함께 힘을 모아, 국민들이 바라는 모든 문제를 지혜롭게 시원하게 처리해 내는 게 토론의 힘입니다.

가끔씩 국회의원들에게 독서 토론 교육을 한 시간만이라도 시켜보았으면 하는 생각이 듭니다. 토론을 경쟁식이라 폄하하는 삐딱한 사람들에게는 책을 읽고 학생들과 토론을 한 시간이라도 해보고, 그리고 나와 신나게 한번 토론해 보았으면 하는 생각도 간절합니다.

1987년 2월 1일 진광중학교에 부임하여 2022년 2월 28일 진광중학교에서 정년퇴임합니다. 1990년 3월 1일부터 2005년 2월 28일까지 15년 동안은 진광고등학교에서 국어를 가르쳤습니다. 저는 35년 1개월 동안 우리 다음 세대가 행복해지는 방법을 독서 교육을 통해 구현해 보고자 했습니다.

1991년 하면 어떤 생각이 떠오르나요? 1991년은 현재와 같은 대학수학능력시험 제도로 대입 방법의 개혁이 예고된 해이지요. 그리고 3년 뒤 1994학년도부터 기존의 학력고사가 없어지고 수능 시험으로 입시가 바뀌게 됩니다. 기억하시는 분도 계시겠지만 수능 전환 첫해인 1993년에는 수능 시험이 7월에 한 번 실시되었고, 11월에 또 한 번 실시되었습니다.

그런데 시행 첫해부터 난이도와 형평성 등 다양한 문제가 발생되면서 미처 꽃도 피우기 전에 연 2회 입시 제도가 사라졌지요. 그 후 금년까지 연 1회 입시로 우리 제자들의 장래가 좌우되는 비교육적인 입시 제도가 계속되고 있습니다.

이런 비교육적인 모습은 입시 제도뿐만 아니라 교실에서도 이어졌습니다. 입시 제도는 분명 학력고사에서 수능으로 변화되었는데 학교와 교실은 계속 학력고사 형태로 수업이 진행되었지요. 왜 그랬을까요? 수능으로 입시를 전환한 국가의 의도를 경시하거나 바뀐 입시와 교육 상황을 제대로 인식하지 못했기 때문이었지요. 많은 선생님들께서 자기 주도적으로 수업 변화와 혁신을 이루어내는 노력을 제대로 하지 못했습니다.

저도 그런 선생님들 중 한 사람이었습니다. 그런데 다행히 제가 근무하는 학교가 수능 적용을 위한 실험 평가 대상 학교로 선정되면서 수능을 이해하는 기회가 제공되었지요. 국가에서는 수능 시험 제도를 도입하면서 일곱 차례 실험 평가를 실시하였는데, 이 중 제가 근무하는 학교가 제6차 실험 평가 대상 학교가 되어 수능 문제를 접하게 되었습니다. 그래서 기존 1차부터 다음 시행된 7차까지 일곱 차례 실험 평가 내용을 학생 입장에서 꼼꼼히 풀고 또 풀고를 반복하였습니다.

그 결과 바뀐 수능 시험의 핵심은 독해력에 있다는 결론을 내렸습니다. 언어 영역은 물론이고, 외국어 영역, 수리 탐구 영역까지 모든 수능 과목은 외운 지식을 앵무새처럼 내뱉는 지식 중심 교육으로는 준비할 수 없습니다. 책을 읽고 사고하는 독해력이 핵심이라는 것을 발견하게 되었습니다.

그럼 독해력과 창의적인 사고력을 어떻게 지도할 수 있을까요? 그렇습니다. 바로 독서 교육이지요. 그래서 저는 수능 첫해부터 지금까지 독서 교육 중심으로 국어과 수업을 진행하였습니다. 입시에 짓눌린 학생들에게 분량이 꽤 되는 책을 읽게 하는 수업은 쉽지 않았습니다. 그래서 교과 관련 도서를 개발하여 수업을 진행하였으며 '짧은 독서'라는 독서 지도 프로그램을 개발하여 학생 친화 대상 도서로 교과 수업과 독서 교육을 병행할 수 있었습니다.

그런데 고등학교에서 독서 교육이란 결코 쉽지 않았습니다. 지금이야 독서 교육을 안 하면 문제가 되지만, 옛날에는 "독서 교육을 왜 시키느냐? 그래서 애들 대학은 보낼 수 있느냐?" 하던 때가 있었습니다.

초임 교사 시절, 이 눈치 저 눈치 보면서 수능 체제에서는 꼭 필요하다고 판단한 독서 교육을 눈칫밥 먹는 심정으로 시도하였습니다. 다행히 당시 교장 선생님과 학년 부장 선생님 등 선배 교사들이 신뢰하고 지원해 주어서 눈칫밥은 일찍 끝낼 수가 있었습니다.

수능 시험으로 대학을 진학하는 첫 학생들을 1학년 때부터 맡아 3학년까지 3년 동안 지도한 경험이 지금도 생생합니다. 7차에 걸친 실험 평가 결과와 EBS 교재를 분석하여 우리 학교 학생들에게 맞는 교재인 '수능 출제 유형 80선'이라는 교재를 제가 만들어 수능을 준비하였습니다. 독서력이 수능 성적과 비례한다는 심증은 있지만 물증은 없던 시절, 가슴 졸이며 첫 수능을 맞이하였습니다.

다행히 제가 지도한 수능 첫 세대 학생들이 저를 잘 따라주어서 언어 영역 성적이 상당히(?) 잘 나왔지요. 개별 학생 성적도 도내 상위에 오르기도 했습니다. 그래서 이 결과를 가지고 연구 보고서를 작성하여 1등급 상을 받기도 했습니다. 심증에 이어 물증으로도 독서력이 성적과 비례한다는 연구 자료이기도 하였습니다. 이때 적용한 것이 수능 출제 유형 연구와 이를 위한 짧은 독서 프로그램이었습니다. '짧은 독서'를 통해 수능의 사고력을 증진할 수가 있었습니다.

제가 개발한 '짧은 독서' 중심의 독서 교육 프로그램은 독서 교육이 부담스러운 고등학생들에게도 독서 교육이 가능하도록 만든 프로그램입니다. '짧은 독서'가 무엇인지 궁금하시지요? 1991년에 수능이 예고되자 입시 공화국인 대한민국에 큰 변화가 일기 시작하였지요. 그중 새롭게 펼쳐진 것이 있다면 수능 관련 각종 독서 잡지의 출현이었습니다. 〈독서와 논술〉, 〈월간 독서여행〉, 〈독서야 놀자〉 등 약 40여 종의 독서 잡지가 쏟아졌지요. 그중 대부분이 1년을 채 못 채우고 폐간되었는데, 제가 선택하여 지도한 〈독서평설〉은 지금까지 출판되고 있는 유일한 월간지입니다.

〈독서평설〉을 기억하시는 분도 계시지요? 지금의 출판사가 아니라 초기 〈독서평설〉은 목인방이라는 영세 출판사에서 기획 출판한 독서 월간지로 1992년 4월에 창간되었지요. 목인방 〈독서평설〉은 광고 중심이나 흥미 중심의 여타 독서 잡지와 달리 순수하고 알찬 읽기 자료를 제시한 유일한 독서 잡지였습니다. 사고력과 창의력을 중시하는 대학수학능력시험의 성격에 맞춰 문학, 인문, 사회, 역사, 철학, 과학, 예술 등 각 영역별로 우리 학생들이 꼭 읽어야 할 자료를 월별로 구분하여 출판하였지요. 그런데 이 〈독서평설〉의 읽기 자료가 10분 내외이면 읽을 수 있는 자료여서 저는 이것을 '짧은 독서'라고 명명하고 친 고교적인 독서 지도를 펼치기 시작하였지요. 그리고 이 짧은 독서가 많은 선생님들의 호응을 받아 큰 상을 받기도 하여 고교 독서 교육의 방향을 설정하고 활성화하는 작은 계기가 되기도 하였습니다. 이렇게 독서 교육의 첫 고민, 대상 도서 선정을 저는 '짧은 독서'로 해결하였습니다.

15년 동안 고등학교에 근무하다가 다시 중학교로 옮기게 되었습니다. 그리고 모두가 무서워한다는 중학교 2학년을 다시 만났습니다. 다시 만난 중학교 학생들은 예전에 만났던 학생들이 아니었습니다. 아이들은 졸고 떠들고, 선생님들은 복지부동하던 시절이 시작되었습니다. 저는 중학교에서도 독서 토론 교육으로 한판 승부를 시작하였습니다.

토론식 수업을 하면 아이들은 졸고 싶어도 졸 수가 없지요. 주변에서 계속 떠들어대니 졸 틈도 없고, 무엇보다 시끄러워서 졸 수도 없지요. 좀 산만한 면은 있지만 수업이 살아 있다는 느낌이 듭니다. 토론식 수업은 모든 교과, 모든 단원에 적용이 가능합니다. 해당 단원을 읽고 먼저 질문을 만듭니다. 그리고 만든 질문으로 묻고 답합니다. 그러면서 단원의 내용도 익히고 사고력과 표현력도 지도할 수가 있지요.

저는 국어 교사로서 문학 단원도 토론식으로 수업을 하지만 비문학 단원이 토론식 수업으로는 더 재미있습니다. 먼저 해당 단원의 독서 활동(읽기 활동)을 함께 합니다. 읽으면서 이해가 되지 않거나 토론하고 싶은 내용들을 주제어로 삼아 독서 발문을 만듭니다. 그리고 그 독서 발문으로 모둠별 묻고 답하는 이야기식 독서 토론을 진행합니다. 서로 발제하고 묻고 답하기도 하고, 반론하고 재반론하기도 합니다. 주제에 따라서 어떤 발문으로는 이야기를 나누고 어떤 발문은 쟁점 토론으로 심화하기도 합니다.

토론식 수업을 적용하면서부터 제 수업엔 조는 학생들이 사라졌습니다.

구조적으로 졸 수가 없지요. 졸지 못하니 애들이 싫어하겠지요? 아닙니다. 도리어 자신도 수업의 주인공이 되니 더 열심히 수업에 참여하여 재미있다고 합니다.

저는 한 달에 한 번쯤은 도서관 단행본 도서를 읽고 독서 토론 수업을 진행합니다. 문학, 과학, 역사, 예술, 철학, 진로 등 다양한 책을 읽고 독서 발문을 만듭니다. 각자 만든 독서 발문으로 자신이 토론 사회자가 되어 이야기식 독서 토론을 진행합니다. 자신의 순서가 지나면 다음 학생이 자신이 만든 독서 발문으로 토론을 진행합니다. 이렇게 5명 내외의 모둠원이 모두 이야기식 독서 토론을 진행합니다. 아이들이 신나고 재미있어 합니다. 졸 수도 없겠지요?

이처럼 독서 토론 수업은 학생들이 졸 수도 없는 시스템이기도 하고 아이들이 재미있어 하는 수업이어서 35년 1개월 동안 행복하게 교실 수업을 진행할 수 있었습니다. 그리고 오늘 새벽 기도를 다녀오고 마지막 출근을 앞두고 이 글도 마무리하고 있습니다.

제1장
행복한 독서학교 이야기

다윗과 골리앗 이야기

35년 1개월 동안의 교직 생활은 '학교 안 독서 교육'과 '학교 밖 독서 교육'의 두 축으로 진행되었습니다. 저는 학교 독서 교육도 중요하지만 마을 학교 형태의 독서 교육과 독서 생활화 교육도 필요하다고 생각합니다. 오히려 마을 독서 교육이 더 중요할 수도 있습니다. 이런 생각으로 22년 전부터 원주 독서학교를 시작했습니다. 마을 독서학교에서도 학교 독서 교육을 접목하고 실천하고자 했습니다.

2022 개정 교육과정을 보니 이제 국가에서도 학교 밖 학교, 마을 단위 독서 교육에 관심을 갖게 된 듯합니다. 국가에서 교육 주체와 국민들의 능동적인 참여를 반영하는 교육과정을 개발하겠다고 합니다. 지역 교육과정이란 말도 국가로부터 처음 듣게 되니 이런 날도 오는구나 하는 생각이 들었습니다. 늦은 감이 있지만 지역 연계 교육과정을 개발하고 지역 특성에 맞는 교육 혁신을 개정 교육과정에 반영한 것은 칭찬하고 싶습니다.

저는 22년 전부터 마을 학교 형태의 원주 독서학교를 시작했습니다. 무슨 교육 공간을 확보하거나 교육 시스템을 갖춘 학교가 아니라 무형의 이

동식 독서학교를 시작한 것이었습니다. 그냥 책 읽고 신나게 토론하는 독서학교였습니다.

　한 번은 『세 왕 이야기』를 읽고 토론한 적이 있습니다. 이 책은 초대 이스라엘을 대표하는 세 명의 왕, 즉 사울과 다윗 그리고 압살롬에 관한 이야기입니다. 그들은 제각각의 탁월함과 뛰어난 능력으로 백성들의 추앙을 받았고, 나름대로 훌륭한 업적을 세웠습니다. 그러나 그들의 마지막은 일생의 빼어난 업적과는 각기 다른 양상을 띠게 됩니다. 과연 그 이유는 무엇이었을까요?

　『세 왕 이야기』의 주인공은 단연 다윗입니다. 다윗 왕에게는 아들이 19명이나 있었습니다. 솔로몬은 열 번째 아들이었습니다. 왕위 계승은 첫째인 암논이 되어야겠지만 암논이 셋째 아들인 압살롬에게 죽임을 당합니다. 압살롬은 용모가 탁월하였고 리더십도 뛰어났습니다. 다윗을 내쫓고 왕위까지 빼앗습니다. 이때부터 다윗과 아들 압살롬의 왕위 싸움이 진행됩니다. 압살롬은 '3일 천하'를 경험하고 자신의 뛰어난 용모와 지혜가 부메랑이 되어 죽게 됩니다.

　다윗과 압살롬의 모습을 보면서 세상에는 영원한 것이 없다는 생각이 듭니다. 순식간에 처지가 역전이 되는 것이 인생이지요. 자신의 최고 장점이 자신을 실패로 몰아갈 수도 있습니다. 잘나간다고 우쭐대며 오만과 교만에 빠지면 추락할 때는 날개가 없습니다. 잘나갈 때 조심해야 하는 것이 상식이지요. 그런데 그 상식이 무너진 것이 요즘의 현실이기도 합니다.

　왕인 아버지 다윗에게 반역한 압살롬을 통해 무엇을 생각해 볼 수 있을까요? 우리도 왕이 되고자 하는 욕심은 없는지요? 우리도 나를 드러내고자 하는 욕망은 없었을까요?

여러분은 골리앗 하면 무엇이 떠오르나요? 어떤 생각이 드시나요? 거대한 괴물, 무서운 존재, 힘 있는 사람, 권력을 지닌 특권층, 세상 권력, 세상 그 자체 등, 골리앗은 이스라엘 주변에서 이스라엘을 틈틈이 괴롭히던 당시 이스라엘보다 훨씬 큰 블레셋, 오늘날 팔레스타인이란 강대국의 장군이었습니다.

오늘날에도 우리 주변에 우리를 괴롭히는 일이 많지요? 요즘 어떤 것이 골리앗처럼 여러분을 괴롭히나요? 코로나도 우리를 집요하게 괴롭히고 있습니다. 골리앗은 어떤 장군이었을까요? 성경을 보면 골리앗의 외모는 키가 여섯 규빗 한 뼘으로 약 3m 가까운 큰 키였습니다. 머리에는 놋 투구를 썼고, 입고 있던 비늘 갑옷의 무게는 놋 5,000세겔, 약 57kg이었습니다. 당시 이스라엘 임금이자 믿음의 사람이었던 사울의 눈에는 하나님은 보이지 않고 거대한 골리앗만 보였습니다. 그러한 거인 골리앗이 나와, 이스라엘 군대를 모욕하며 싸움을 걸어오자 당시 이스라엘 왕인 사울과 온 이스라엘은 두려워 떨었습니다.

거대한 거인 골리앗, 로보캅 같은 인간 골리앗은 오늘날 무엇을 상징할까요? 코로나가 2년째 지속되면서 우리나라 경제도 엉망이 되었지요? 제가 학교에서 퇴근하면 감리교단이 사회 선교를 위해 운영하고 있는 원주청년관으로 다시 출근을 합니다. 미래 지향적인 '투 잡'이지만 봉사직입니다. 어느 하루는 저녁을 먹으려고 중앙시장 칼국숫집에 갔는데, 할머님께서 하시는 말씀, "선상님, 오늘 선상님이 첫 손님이시구먼요." 그렇게 말씀하시는 할머님의 모습이 지금도 눈에 선합니다. 요즘에는 제가 활동하는 독서새물결에서 운영하는 행구동 에듀팜과 문화공감작은도서관으로 출근합니다만 몇 년째 장사가 안 되어 그냥 비어 있는 상가들이 많더군요. 그래서 하나 얻어서 쓰고 있습니다.

선진국 OECD 국가 중 유일하게 우리나라가 초저출산 국가이지요. 초저출산과 함께 초고령화 사회가 밀물처럼 밀려오고 있습니다. 살수대첩의 강물처럼 그냥 쏟아붓고 있어도 국가는 곧 다가올 초고령화 사회를 위한 정책이 전무합니다.

학교의 진로 교육처럼 시니어 진로 교육 정책도 제시되어야 하고, 평생 고생한 퇴임자들의 퇴임 이후의 건강하고 행복한 삶을 국가가 책임져야 하지요. 다시 마음이 우울해지네요. 그래서 저는 독서새물결 연구진들과 함께 초고령화 사회에 대응하는 치매 인식 개선 연구와 치매 예방 시니어 독서 교육 연구 활동에 집중하고 있기도 합니다.

나라 못지않게 여러분에겐 어떤 어려움이 있습니까? 여러분을 힘들게 하는 것은 무엇입니까? 혹시 여러분을 두려워 떨게 하는 것이 있습니까? 모두 골리앗 같은 존재입니다.

상대방이 너무 크고, 힘 있고, 괴롭히니 그저 포기하며 사는 사람들도 있습니다. 그러나 하나님을 믿는 사람은 어떠한 상황에서도 포기해서는 안 됩니다. 하나님이 함께하시면 어떠한 어려움이라도 다 이길 수가 있기 때문입니다.

그럼 어떻게 이길 수 있을까요? 다시 다윗과 골리앗 이야기로 돌아갑니다. 블레셋의 골리앗 장군에 밀려서 사울 왕이 고전을 겪고 있을 때 우연히 다윗이 형제들의 안부를 묻기 위해 전쟁터를 찾습니다. 바로 그때 골리앗이 이스라엘을 조롱하며 하나님을 조롱하던 모습을 보게 됩니다. 그리고 그 조롱을 받으면서도 하나님을 믿는다던 이스라엘 사람들은 아무 대꾸하지 못하고 그저 두려워 떠는 모습을 보게 됩니다.

그런데 다윗은 믿는 사람조차도 모두가 골리앗을 보며 두려워 떠는 광경을 도저히 이해할 수 없었습니다. 다윗은 하나님의 사람이었기 때문에 하나님의 생각과 눈으로 골리앗을 보았고, 그렇기 때문에 골리앗이 두려워할 상대가 아니라, 키만 좀 큰 사람처럼 보였습니다. 즉 시선을 바꾸면 어떤 어려움도 이겨낼 수 있습니다. 생각을 바꾸면 어떤 문제도 해결 못할 문제가 없습니다. 두려움 대신에 믿음과 확신을 갖게 되면 어떤 환란도 이겨낼 수 있습니다.

우리 옛말에 '눈에 콩깍지가 씌었다.'는 말이 있습니다. 하나님을 믿는다던 사울과 온 이스라엘의 눈에는 골리앗이 콩깍지였습니다. 믿는다던 이스라엘 백성들의 믿음은 세상 권력 앞에 온데간데없이 사라지고 만 것이었지요.

우리에게 골리앗같이 어려운 문제가 다가왔을지라도 포기하지 않으면 아무런 문제가 없습니다.

다윗에게는 물매돌이 있었습니다. 당시 다윗은 10대 후반의 소년이었습니다. 그는 양을 치던 목동이었습니다. 군사 훈련을 받은 적도 없었지만,

블레셋의 골리앗이 하나님을 모독하고 이스라엘을 괴롭히니 그냥 참지 못하고 전쟁에 나가겠다고 선언합니다. 전쟁도 모르고 훈련도 받지 못했던 다윗에게 물매돌이 있었습니다. 양을 치다 사자나 곰이 오면 그 물매돌을 던져 사나운 짐승들을 쫓아내던 그 물매돌 다섯 개밖에 없었습니다.

소년 다윗은 자신이 들고 있던 물매돌 하나를 던져 단번에 로보캅 같던 거인 골리앗을 넘어뜨리고 그 전쟁을 승리로 이끕니다. 우리가 믿음으로 나아가면 하나님께서는 우리에게도 다윗의 물맷돌을 보여주실 것입니다. 믿음의 물맷돌로 거대한 괴물 골리앗을 이길 수 있습니다. 지금 여러분을 괴롭히는 근심과 걱정이 무엇입니까? 다윗의 물맷돌로 우리를 괴롭히던 모든 세상 악과 두려움도 이길 수 있습니다.

행복한 독서학교의 시작

우연한 기회에 원주청년관과 CBS 원주방송국의 이철희 장로님과 이야기를 나누게 되었습니다. 이철희 장로님께서는 묻지도 따지지도 않고 CBS 방송국 옆 빈 사무실을 우리 법인 사무실로 쓰도록 도와주셨습니다. 그리하여 원주 독서학교 원주청년관 시대가 개막하였습니다. 그동안 사용했던 원주 독서학교 교육 공간들이 주마등처럼 스쳐 지나갑니다. 원주교육청, 진광중고등학교, 상지대학교 다산관, 무실동 교육장을 거쳐 드디어 원주청년관 시대가 개막되어 교육 여건이 개선되었습니다. CBS도 원주청년관에 입주해 있었고, 지하 1층은 숨 카페로 문화 공간으로 이용할 수도 있었거든요. 원주청년관 시대를 시작하면서 이런 귀한 시설들을 활용하여 독서학교 학생들에게 더욱 양질의 교육을 펼칠 수가 있었습니다.

한편, 원주 독서학교와 함께 작은도서관 운영자를 위한 독서 토론지도사 자격 과정도 무료로 꾸준히 진행하였습니다. 독서 토론지도사 자격 공부를 하신 분들을 중심으로 원주이야기협동조합이 결성되었지요. 그리고 지역 활동가 양성 과정도 실시하였고 그분들이 중심이 되어 취약 시기 학생 독서 교실도 운영하였고요. 나아가 이분들이 원주 독서학교의 보조 교사로 참여하여 함께 학생들을 지도하게 되었습니다. 당연히 양질의 독서 교육 활동이 가능해졌습니다.

그러면서 원주 독서학교 학생들은 계속 늘게 되었습니다. 30명 이상이 되자 원주청년관에서는 소화할 수가 없어서 고민을 하게 되었습니다. 30명 이상이 모여 토론할 수 있는 공간이 원주에선 없었습니다. 원주시립도서관이나 원주교육도서관에서는 강의실은 있지만 토론실은 없었습니다. 그래서 제가 시무하는 우산감리교회 꿈꾸는 도서관에서 새로운 원주 독서학교 교육 시대를 열게 되었습니다. 꿈꾸는 도서관 옆에 교회 식당이 있는데 세 명씩 마주 보며 앉아 식사할 수 있는 식당 200석이 있었습니다. 자연스럽게 3 대 3 토론이 가능하여 고민하던 토론장 문제가 해결되었지요.

교차질의식 토론장이 해결되니 학생들은 또 한번 요동치며 늘었습니다. 2019년 봄에 개강식과 개강 기념 공개 토론회를 개최하였지요. 『자유론』을 개강 공개 토론회 도서로 정하고 진행하였는데 좀 어려운 면도 있었으나 우리 눈높이에서 바라보는 『자유론』을 맘껏 즐겼지요. 100여 명 정도 참여하여 토론 축제 한마당을 펼쳤습니다.

독서학교 개강식

2019학년도 원주 독서학교 개강식 및 공개 독서 토론회

대상 도서 : 존 스튜어트 밀 『자유론』

시범 토론 참여 학생 명단

상지여자중학교 3학년 심소민	원주중학교 3학년 송진우
북원여자고등학교 1학년 이수인	대성중학교 3학년 우건희
원주여자중학교 3학년 이현정	남원주중학교 3학년 이어진
진광중학교 3학년 용지훈	삼육중학교 3학년 박소민
원주고등학교 1학년 신재하	삼육중학교 3학년 이승섭

공개 독서 토론회는 이야기식 독서 토론을 시범 토론으로 전개하면서 관중석 토론, 1대 100 토론 등으로 진행하였습니다. 당일 진행한 토론 내용을 요약하여 지상 중계해 보겠습니다.

1단계 배경지식 꺼내기

■ 여러분에게도 어떤 일도 마음대로 할 수 있는 알라딘의 요술램프가 생겼다면 여러분은 어떤 일을 해보고 싶나요?

대부분 돈이나 세계 여행이라는 답변을 했다. 혹은 권위나 지식의 향상, 책을 읽고 싶다는 답변도 나왔으나, 그중 특이했던 것은, 중국에 있는 공장들을 없애고 싶다는 답변도 있었다.

■ 알라딘의 요술램프를 통해 하고 싶은 일이 우리 사회를 행복하게 할 수 있을까요?

모든 학생들이 지식이 높고 공부를 잘하게 된다면, 경쟁은 오히려 더 심해질 것이라고 생각되지만, 대한민국의 경제와 기술이 향상되어 결과적으로 봤을 때 행복할 수 있을 것이라고 생각한다. 그 외에 중국에서부터 오는 미세먼지가 없다면, 깨끗하고 맑은 하늘을 볼 수 있을 것이라고 생각하기 때문에 우리 사회를 행복하게 만들 수 있을 것 같다고 답변했다.

요술램프를 통해 하고 싶은 일을 맘껏 꿈꾸게 한 후, 그게 과연 이웃과

> 인류를 위한 일인가 돌아보게 하는 교육적 의도가 있는 발문이었고, 이어 진행할 '자유론' 이야기의 도입 단계입니다. 이야기식 토론은 이처럼 첫 발문에 승부를 걸어야 합니다. 학생들이 쉽고 재미있게 반응할 수 있는 발문을 개발하여야 합니다. 그리고 그 발문이 단지 흥미 있는 것에서 그치지 말고 교육적인 의미도 있어야 하고, 대상 도서와도 관련이 있어야 합니다.

■ '자유를 주면 우리 사회가 행복해질 수 있다.'라는 존 스튜어트 밀의 생각에 대해 동의 또는 반대의 의견으로 이야기해 봅시다.

자유를 허용한다는 말이 남에게 피해를 줄 수 있다고 생각한다. 음주 운전을 하는 것이 자유라면, 남에게 피해를 줄 수 있으므로, 자유론을 따르는 것은 옳지 못하다고 생각한다.

2단계 : 책 이야기 나누기

■존 스튜어트 밀은 '자유론'을 무엇이라고 이야기했을지 말해봅시다.

밀이 말하는 '자유론'이란, 의지의 자유가 아닌, 시민과 사회의 자유에 대해 말하고 있다. 사회가 개인을 상대로 정당하게 행사할 수 있는 권력의 성질과 한계를 살펴본다고 할 수 있다.

■존 스튜어트 밀이 말한 자유의 본질 세 가지는 무엇인가요?

자유는 크게 사상의 자유, 행동의 자유, 답변의 자유를 예로 들 수 있다. 사상의 자유는 생각을 자유롭게 할 수 있는 자유이고, 행동의 자유는 좋아하는 것을 즐기고 원하는 것을 추구할 수 있는 자유이다.

■밀의 표출의 자유와 관련해 '출판의 자유가 보장되어야 한다.'에 대한 여러분의 생각을 이야기해 봅시다.
자신이 생각하는 것을 다른 사람에게 알릴 수 있어야 한다. 그러므로 출판의 자유가 허용되어야 한다.
반론 : 표출되는 생각이 잘못되거나 진리에서 어긋나는 경우에는 출판의 자유가 허용될 수 있는가?
재반론 : 진리에 어긋난다고 해서 그 사람의 자유를 억압하는 것은 올바르지 않다. 사람마다 생각하는 정당이 있기 마련인데, 진리에 맞지 않다고 해서 다른 정당을 해산시켜서는 안 된다.

■이 책에서 존 스튜어트 밀이 세 가지 예시를 제시했는데, 그 예시를 통해 표현에 대한 자유와 한계를 설명했습니다. 이에 대해 이야기해 봅시다.
예수님은 죄를 가지고 있지 않았으나, 주위 사람들의 죄를 대신하여 처벌을 받았다. 그 당시의 진리와 미래의 진리는 다를 수도 있기 때문에 그래서 표현의 자유로 인해 잘못된 주장과 근거로 피해를 보는 사람이 생길 수도 있다.

■ 소크라테스에 대해서 이야기해 봅시다.

소크라테스는 청년들에게 이상한 사상을 퍼트려서 청년들을 병들게 하고 있다는 이유와, 당시 신을 모독했다는 이유로 처형당했다.

■ 이 책을 읽으면서 가장 인상 깊게 남은 내용은 무엇인가요?

민주주의의 자유가 오히려 우리를 위협할 수 있다고 했다. 다수의 횡포가 정치적 권력보다 강할 수 있다고 했다. 주변을 둘러봤을 때 학교 폭력 같은 경우도 이와 같다고 생각한다. 대중의 여론은 항상 옳은가라는 부분이 인상 깊었다. 다수의 지지가 항상 옳은 것은 아니라고 생각했다.

■ 이 책을 읽으면서 이해가 안 되거나 납득 또는 동의가 안 되었던 대목과 '나라면 이렇게 하고 싶습니다.' 하는 것이 있으면 이야기해 봅시다.

밀의 자유론에 따르면, 도박과 같은 행위도 자유롭게 하도록 놔두어야 한다고 생각한다. 그러나 '보편적으로 타인에게 해를 끼치지 않고 올바르지 못한 행동을 통제하는 것을 허용해도 괜찮을까?'라는 생각이 들었다.

■ '나는 이 장면에 공감을 받았습니다.' 하는 장면과 '이 부문은 이해가 안 되었습니다.' 하는 장면이 있으면 이야기해 봅시다.

이 책에서 밀은 '관료제는 인간의 자유정신을 침해한다고' 말했고 본인은 관료제는 우리나라를 더욱 발전시킬 수 있다는 생각을 가지고 있었기 때문에 충격적으로 느껴졌다.

3단계 : 삶이나 사회 적용하기

■두발 자유화에 대해서 '동의한다'와 '동의하지 않는다'라는 의견으로 이야기해 봅시다.

동의 : 학생들은 개성을 표현할 수 있어야 한다. 어른들이 학생답게를 중요시하는데, 학생들도 권리와 자유가 있기에 누구든 이를 무시할 수 없다고 생각한다.

반론 : 학생들에게 두발 자유화를 허용해 주면, 학생들은 이에 만족하지 않고 새로운 헤어스타일을 추구할 것이므로 두발 자유화를 허용해 주면 안 된다고 생각한다.

■선한 사마리안인 법에 대해서 이야기해 봅시다.

필수적으로 해야 하는 건 아니지만, 도울 수 있는 상황에서 보지 않고 지나쳤을 때, 처벌을 당하는 법을 착한 사마리안인 법이라고 합니다.

이야기식 독서 토론의 매력은 대상 도서를 읽고 나누고 싶은 이야기를 맘껏 해보는 것입니다. 그러다가 쟁점이 생기면 자연스레 찬반 토론이나 정책 토론도 가능합니다. 찬반 토론의 경우는 반드시 입장을 바꾸어 토론하게 함으로써 상대방의 입장을 이해하고 수용하는 것을 배우도록 이끌어야 의식화 교육에서 벗어날 수 있습니다. 정책 명제 토론의 경우는 1대 100 토론 형태로 진행하는 것이 필요합니다. 자신이

> 발제한 내용에 대한 질문을 받고 답변하는 과정을 통해 언어 사용 능력도 키우고 해당 주제에 대한 폭넓은 이해력도 증진할 수 있습니다.

에듀팜과 문화공감도서관

그러다가 2021년에 독서새물결 우리 법인에서 에듀팜을 운영하고 문화공감도서관을 개관하면서 원주 독서학교가 또 한번 새롭게 변신합니다. 이제 학생들은 원주 독서학교 토론 공부에서 에듀팜의 식물 관찰일지까지 작성하는 커리큘럼이 하나 더 추가되었지요. 감자를 먹어만 봤지, 심어보지 못한 학생들, 감자꽃 색깔도 모르던 학생들이 감자 수확까지 하면서 자연 친화 독서 토론 공부를 할 수 있었습니다. 파종한 엽채류 20종도 관찰하고, 고구마·토마토·대추토마토·호박·옥수수·가지·비타민고추, 그리고 김장 배추와 무까지 식물과 꽃과 자연을 맘껏 즐길 수 있었습니다.

식물 관찰일지를 쓰고 독서 토론을 하면서 반드시 적정기술을 연계한 자신의 진로 발표 수업도 합니다. 자신이 뭘 할지, 뭘 하고 싶은지도 모르던 아이들이 자신의 진로를 설정하고 적정기술의 철학으로 진로 설계를 발표하는 것을 보면서 주말을 반납한 지난 22년간의 수고가 그저 감사할 뿐이었습니다.

22년 전 원주교육청 논술창작영재반 교사로 관내 학생들을 지도한 적이 있었습니다. 아시듯이 교육청 영재반은 1년 단위로 운영됩니다. 내가 맡은 논술창작영재반 학생들이 수료하는 자리에서 아무리 생각해도 이 아이들이 영재도 아닐 뿐만 아니라 이 아이들까지 실적 위주 교육 행정의 희생양이 되면 안 되겠다는 생각을 하게 되었습니다. 그래서 이 아이들에게 "독서 논술과 독서 토론 공부를 계속하고 싶은 학생 손들어 볼래?" 하여 희망하는 학생 15명으로 원주 독서학교는 시작하게 됩니다. 그러니까 교육청 논술창작영재반 학생들의 추수 지도 형태로 시작된 것이지요. 격주 1회 정도로 원주교육청에서 진행하였습니다.

교육청 수업 시대를 지나 좀 더 편하게 모여 독서 토론도 하고 독서 활동도 할 수 있는 공간을 찾게 되었습니다. 이런 공간으로 학교만 한 것이 없지요. 그래서 제가 근무하는 진광고등학교에서 회의실이나 특별실 등을 활용하여 주말 독서학교를 운영하였습니다. 아이들도 더 많이 참여하였지요. 세상 모든 아이들이 다 소중하지만 내가 가르치는 학교 학생들만큼 중요한 아이들이 또 어디 있겠나요? 자연스레 우리 고등학교 아이들도 많이 참여하게 되었습니다. 분위기가 바뀌니 아이들의 토론 준비도 바뀌고 토론 수업도 좀 더 흥미진진하게 진행할 수 있었습니다.

진광고등학교, 진광중학교, 상지대학교 등을 거쳐 꿈꾸는 도서관과 문화공감도서관까지 긴 세월 동안 여러 곳을 전전하면서도 독서학교는 쉰 적이 없었습니다. 그리고 매년 매 학기마다 독서학교 교육 계획서를 작성하여 체계적으로 독서 교육을 실시하였습니다. 다음 내용은 지난 2021학년도 독서 교육 계획서입니다. 원주 독서학교는 매주 토요일 오전 3시간 동안 앞서 소개한 장소에서 비가 오나 눈이 오나, 결혼식이 있고 장례식이 있어도, 심지어 코로나 상황에서도 지속되었습니다. 독서학교는 도서 한

권을 선택하여 한 주는 이야기식 독서 토론으로 토론하고, 다음 주는 교차 질의식 독서새물결 토론으로 수업합니다. 학년 초에는 자신의 진로 설계를 발표하고, 선배 및 명사 초청 진로 특강도 실시하고, 신나는 독서 캠프로 실시했습니다.

2학기에는 진로 소논문 작성 및 개인별 첨삭 지도를 추가하여 운영했습니다. 그리고 크리스마스가 되면 학부모님들을 초청하여 진로 소논문 발표회를 멋들어지게 하여 학생들을 격려하는 시간도 갖습니다. 도서 바자회도 하고, 문화 체험 활동도 하고, 작은 운동회도 실시하였습니다. 우리 법인이 설립하고 후원하는 미얀마 양곤의 프라미스 학교 후원도 참여하면서 세계 시민 교육도 병행하였지요.

원주 독서학교는 물매돌 독서학교를 지향하며, 행복한 미래를 준비하는 독서영재 교육을 목표로 설정하고 운영하고 있습니다. 이러한 교육 목표를 실천하기 위한 세 가지 물매돌 교육 철학이 있습니다. **첫째(교사상)**, 하나님이 허락하신 소명감으로 독서학교에 헌신하고자 합니다. 먼 나라로 보내지 않으시고 내가 생활하는 공간에서 다음 세대 교육을 맡기시니 감사할 뿐입니다. 소박한 생활인의 삶도 존중받아야 하지만 교사로 이 시대를 살게 하신 높은 분께 파송받은 소명감의 물매돌로 독서학교를 운영합니다. **둘째(교육 내용)**, 더불어 함께하는 공동체성 교육을 실시합니다. 모든 교육 영역이 중요하지만 특별히 진로와 인성 교육은 더욱 중요합니다. 그런데 진로와 인성 교육을 위해서도 독서 교육만 한 것이 없습니다. 그래서 우리 원주 독서학교에선 독서 교육으로 공동체성과 진로와 인성 교육을 실시하고 있습니다. 셋째(학생상), 긍정의 물매돌로 다음 세대를 준비합니다. 우리 학생들이 긍정의 물매돌로 세상에 나가기를 원합니다. 학생들에게 자신과 가족만을 위한 독서 공부가 아니라 이웃과 인류를 위한 토론 공부를 강조합니다. 배워 익혀서 이웃과 인류를 힘들게 하는 공부가 아니라, 제대로 배워 익혀서 이웃과 인류를 이롭게 하는 공부를 합니다. 긍정의 시선으로 이웃과 인류를 위해 독서학교에서 독서공부를 합니다. 이런 학생이 바로 영재, 독서 영재인 것입니다.

2021년 원주 독서학교 교육 계획서

2021학년도 원주 독서학교 교육 계획서를 소개해 드립니다.

2021학년도 1학기 교육과정 (중고등)

횟수	수업일	강의 주제	대상 도서	비고
1	3월 6일(토)	철학	『청소년을 위한 시크릿』(박은몽)	제427차 초/중/고 공통
2	3월 13일(토)	문학	『행운이 너에게 다가오는 중』(이꽃님)	초/중/고 공통
3	3월 20일(토)	문학	『행운이 너에게 다가오는 중』(이꽃님)	초/중/고 공통
4	4월 3일(토)	과학	(중)『곱창 1인분도 배달되는 세상, 모두가 행복할까?』(오찬호) (고)『인간 없는 세상』(앨런 와이즈먼)	단체전 도서
5	4월 10일(토)	과학	(중)『슬기로운 방구석 플랜B』(박희진) (고)『미래를 읽다 과학이슈 11 Season 10』(김재완 외)	단체전 도서

횟수	수업일	강의 주제	대상 도서	비고
6	4월 17일(토)	철학	『자유론』(존 스튜어트 밀, 출판사 다수)	(중고 공통)
7	5월 1일(토)	인사	『지구촌 아이들』(앙헬 부르가스)	(고)소비-수업(윤태영)
8	5월 8일(토)	과학	『무섭지만 재밌어서 밤새 읽는 감염병 이야기』(오카다 하루에)	(고)관점VS관점(이종보)
9	5월 15일(토)	문학	『어항에 사는 소년』(강리오)	(고)멋진 신세계(헉슬리)
10	5월 22일(토)	문학	『독서 토론 이야기』(임영규)	2021년 개강식
11	6월 5일(토)	인사	『빙하의 반격』(비에른 로아르 바스네스)	(고)호모스페이스쿠스(이성규)
12	6월 12일(토)	문학	『BTS 덕분에 시작하는 청소년 심리학 수업』(김현경)	(고)핀란드가 천국을 만드는 법(정경화)
13	6월 19일(토)	인사	『뉴 어스 프로젝트』(다비드 무아테)	독서논술 첨삭지도 1
14	7월 3일(토)	과학.문학	『왜 동물원이 문제일까?』(전채은)	독서논술 첨삭지도 2
15	7월 10일(토)	교육	(중)『곱창 1인분이 배달되는 세상, 모두가 행복할까?』(오찬호) (고)『인간 없는 세상』(앨런 와이즈먼)	학교별 실전 토론 개인전 독서 토론
16	7월 21일(수)	교육	(중)『슬기로운 방구석 플랜B』(박희진) (고)『미래를 읽다 과학이슈 11 Season 10』(김재완 외)	단체전 실전 토론 개인전 독서 토론
17	7월 28일(수)	논술	제20회 독서대회 개인전 도서(3권) 독서논술 개별 첨삭지도-1	개인전 독서 논술 지도
18	8월 4일(수)	논술	제20회 독서대회 개인전 도서(3권) 독서논술 개별 첨삭지도-2	개인전 독서 논술 지도
19	8월 11일(수)	논술	제20회 독서대회 개인전 도서(3권) 독서논술 개별 첨삭지도-3	개인전 독서 논술 지도 단체전 지도
20	8월 14일(토)	진로	제20주년 대한민국 독서대회-단·체전	대회 참가
21	8월 21일(토)	진로	제20주년 대한민국 독서대회-개인전	대회 참가
22	8월 28일(토)	진로	1학기 독서 토론 콘서트 『1페이지 공부법』(홍민영)	수능 만점 학생 초청 특강

2021학년도 1학기 교육과정 / 초등 3-4(저학년), 5-6학년(고학년)

횟수	수업일	강의 주제	대상 도서	비고
1	3월 6일(토)	철학	『청소년을 위한 시크릿』 (박은몽, 살림Friends)	제427차 초/중/고 공통
2	3월 13일(토)	문학	『행운이 너에게 다가오는 중』 (이꽃님, 문학동네)	초/중/고 공통
3	3월 20일(토)	문학	『행운이 너에게 다가오는 중』 (이꽃님, 문학동네)	초/중/고 공통
4	4월 3일(토)	과학	『코로나19 학교에서 아이들의 행복 찾기!』 (우쉬 룬, 북뱅크)	단체전 도서
5	4월 10일(토)	과학	『코로나 탐구 생활』 (폴 드 리브롱·최재천, 북멘토)	단체전 도서
6	4월 17일(토)	철학	『자유론』(존 스튜어트 밀)	단체전 도서
7	5월 1일(토)	인사	『선생님, 코로나19가 뭐예요?』 (배성호, 철수와영희)	
8	5월 8일(토)	과학	『필(Feel)』(이윤주, 고래가숨쉬는도서관)	
9	5월 15일(토)	문학	『건방진 장루이와 68일』 (황선미, 위즈덤하우스)	
10	5월 22일(토)	문학	『독서 토론 이야기』(임영규, 박이정)	2021년 개강식
11	6월 5일(토)	인사	『장영실과 갈릴레오 갈릴레이』 (윤영선·김슬옹, 숨쉬는책공장)	
12	6월 12일(토)	문학	『국립 어른 초등학교』(이지훈, 거북이북스)	
13	6월 19일(토)	인사	『수상한 캠프』(이라야, 봄봄출판사)	독서논술 첨삭 지도 1
14	7월 3일(토)	과학.문학	『생각이 크는 인문학 20 신화』 (이경덕, 을파소)	독서논술 첨삭 지도 2
15	7월 10일(토)	교육	초고-『코로나19 학교에서 아이들의 행복 찾기』 초저-『코인 숙제방』(공수경, 책과콩나무)	단체전 실전 토론 개인전 독서 토론

횟수	수업일	강의 주제	대상 도서	비고
16	7월 21일(수)	교육	초고-『코로나 탐구 생활』 초저-『여기는 맑은섬 환경을 배웁니다』	단체전 실전 토론 개인전 독서 토론
17	7월 28일(수)	논술	제20회 독서대회 개인전 도서(3권) 독서논술 개인별 첨삭지도-1	개인전 독서 논술 지도
18	8월 4일(수)	논술	제20회 독서대회 개인전 도서(3권) 독서논술 개인별 첨삭지도-2	개인전 독서 논술 지도
19	8월 11일(수)	논술	제20회 독서대회 개인전 도서(3권) 독서논술 개인별 첨삭지도-3	독서 논술 지도 단체전 지도
20	8월 14일(토)	진로	제20주년 대한민국 독서대회-단체전	대회 참가
21	8월 21일(토)	진로	제20주년 대한민국 독서대회-개인전	대회 참가
22	8월 28일(토)	진로	1학기 독서 토론 콘서트 『1페이지 공부법』(홍민영, 비에이블)	수능 만점 학생 초청 특강

2021학년도 2학기 교육과정 (중고등)

횟수	수업일	대상 도서	비고
1	8월 28일(토)	『국가』(플라톤, 풀빛)	2학기 개강
2	9월 4일(토)		
3	9월 11일(토)	『정의란 무엇인가』 (마이클 샌델, 와이즈베리)	진로 소논문 주제 설정
4	9월 18일(토)		
5	9월 25일(토)	미네르바 주말 독서 캠프	진로 소논문 목차 작성
6	10월 2일(토)	『소녀, 적정기술을 탐하다』 (조승연, 뜨인돌)	
7	10월 9일(토)		개강식 공개토론회

횟수	수업일	대상 도서	비고
8	10월 16일(토)	『청소년을 위한 시크릿』 (박은몽, 살림Friends)	원주 한 책 독서 토론대회 참가
9	10월 23일(토)		
10	10월 30일(토)	미네르바 주말 독서 캠프	
11	11월 6일(토)	『생각을 발견하는 토론학교 철학』 (최훈 외, 우리학교)	
12	11월 13일(토)		진로 소논문 주제 설정
13	11월 20일(토)	『독서 토론 이야기』(임영규, 박이정)	
14	11월 27일(토)	미네르바 주말 독서 캠프	
15	12월 4일(토)	『꿈꾸는 미래 진로독서-2』 (임영규 외, 정인)	진로 소논문 개인 지도
16	12월 11일(토)		
17	12월 18일(토)	진로 소논문 발표회	진로 소논문 발표회
18	1월 8일(토)	『박지원, 열하로 배낭여행 가다』 (김경윤, 탐)	
19	1월 15일(토)		
20	1월 22일(토)	『멋진 신세계』 (올더스 헉슬리, 소담)	국내 캠프
21	1월 29일(토)		
22	2월 5일(토)	『동물농장』 (조지 오웰, 출판사 다수)	국내 캠프
23	2월 12일(토)		
24	2월 19일(토)	『세 왕 이야기』 (진 에드워드, 예수전도단)	
25	2월 26일(토)		

2021학년도 2학기 교육과정 (초등 5-6학년)

횟수	수업일	대상 도서	비고
1	8월 28일(토)	『장복이, 창대와 함께하는 열하일기』 (강민경, 현암주니어)	2학기 개강
2	9월 4일(토)		
3	9월 11일(토)	『10대를 위한 JUSTICE 정의란 무엇인가』 (마이클 샌델, 미래엔아이세움)	진로 소논문 주제 설정
4	9월 18일(토)		
5	9월 25일(토)	미네르바 주말 독서 캠프	진로 소논문 목차 작성
6	10월 2일(토)	『소녀, 적정기술을 탐하다』 (조승연, 뜨인돌)	
7	10월 9일(토)		개강식, 공개토론회
8	10월 16일(토)	『청소년을 위한 시크릿』 (박은몽, 살림Friends)	원주 한 책 독서 토론대회 참가
9	10월 23일(토)		
10	10월 30일(토)	미네르바 주말 독서 캠프	
11	11월 6일(토)	『생각을 발견하는 토론학교 철학』 (최훈·박의준 외, 우리학교)	진로 소논문 개인 지도
12	11월 13일(토)		
13	11월 20일(토)	『독서 토론 이야기』(임영규, 박이정)	
14	11월 27일(토)	미네르바 주말 독서 캠프	
15	12월 4일(토)	『꿈꾸는 미래 진로독서-2』 (임영규 외, 정인)	진로 소논문 개인 지도
16	12월 11일(토)		
17	12월 18일(토)	진로 소논문 발표회	진로 소논문
18	1월 8일(토)	『자유론』 (존 스튜어트 밀, 책세상)	
19	1월 15일(토)		

횟수	수업일	대상 도서	비고
20	1월 22일(토)	『멋진 신세계』 (올더스 헉슬리, 소담)	국내 캠프
21	1월 29일(토)		
22	2월 5일(토)	『동물농장』 (조지 오웰, 출판사 다수)	국내 캠프
23	2월 12일(토)		
24	2월 19일(토)	『세 왕 이야기』 (진 에드워드, 예수전도단)	
25	2월 26일(토)		

독서학교 책 선정 이야기

　22년 전에 교육 기부로 시작하여 우리나라 최고의 주말 독서학교를 꿈꾸면서, 최근에는 꿈꾸는 도서관과 문화공감도서관에서 주말마다 독서학교를 운영하고 있습니다. 독서학교 운영의 핵심은 선정 도서에 있습니다. 어떤 책을 읽고, 어떻게 토론하느냐 하는 것이 교육의 핵심입니다.

　코로나19 뉴스가 3년째 특집 뉴스로 나옵니다. 어느 하루 살며시 다가온 코로나 바이러스가 이렇게 끈질기게 우리를 힘들게 합니다. 아무도 예기치 못한 코로나 바이러스 속에서 너무나 허약한 우리 교육을 돌아봅니다. 이기적 유전자와 집단 이기주의에 매몰된 우리 교육에서 우리 지역 이웃도 돌아보는 따뜻한 교육의 아쉬움도 느낍니다. 입시 위주 교육에 빠져 지역 공동체성 교육도 제대로 못 하였지요.

　오늘날의 교육 부재 현상을 『사피엔스』의 저자 유발 하라리는 신이 된 인간의 교만함으로 보고 있습니다. 과학혁명을 거친 우리 인간은 인간의 아름다움을 넘어서 자본주의 교리와 신의 영역까지 넘보고 있습니다. 그래서 유발 하라리는 『호모 데우스』에서 데이터교의 출현까지 예고하고 있습니다.

2021년 원주 독서 토론 한마당

매번 토론하는 단골 도서로 플라톤의 『국가론』이 있습니다. 요즘 같은 시대에 국가의 지도자는 먼저 헌신자가 되어야 한다는 평범한 진리를 다시 생각해 보는 좋은 책입니다. 『동물농장』을 함께 읽으면 토론이 더욱 풍성해집니다. 존 스튜어트 밀의 『자유론』도 매년 함께 읽고 토론하고 있지요. 인간의 참된 자유와 질서와 인권과 행복에 대해서도 토론해 보았습니다. 『열하일기』도 꼭 읽고 토론하고 있습니다. 인문학 여행을 떠나며 토론하기에 매우 좋은 책입니다.

매년 원주 한 도시 한 책 읽기 운동 선정 도서도 독서학교 단골 도서입니다. 2020년 『맹탐정 고민 상담소』를 읽고 어른의 고민을 해결해 주는 청소년들의 이야기가 감동으로 다가왔습니다. 대통령의 고민도 들어주는 맹탐정, 우리 다음 세대가 기대됩니다. 『아몬드』를 읽고 감정 결핍 학생의 생활상과 청소년들의 성장통에 대해서도 토론해 보았고, 『소리 질러, 운동장』을 읽고 다수와 권력의 행포에 대해서도 토론해 보았습니다. 금년엔 『행운이 너에게 다가오는 중』을 읽고 한여름 밤의 독서 토론 콘서트도 해

보았지요.

　이 중, 『행운이 너에게 다가오는 중』이란 책의 이야기식 독서 토론 발문 몇 가지를 소개해 봅니다. 독서 토론의 여러 방법 중 이론이나 개념을 외워야 하고 이해해야 하는 토론 방법도 꽤 많습니다. 독서 토론은 외우고 이해하는 것보단 편하고 자연스럽게 토론하는 것이 더 중요합니다. 이런 토론을 우린 이야기식 독서 토론이라고 하며, 전국독서토론대회도 이야기식 독서 토론으로 진행하기도 합니다.

　이야기식 독서 토론은 세 가지 단계를 거쳐 진행합니다. 최소한의 단계를 설정하였으며, 1단계는 배경지식 꺼내기 단계로 책을 읽지 않아도 토론에 초청받을 수 있는 모형입니다. 즉 책을 읽지 않아도 대상 도서로 토론을 시작할 수 있으며, 지도 교사는 그런 학생들도 참여할 수 있는 관련 발문을 재미있게 만들어 내야 합니다. 2단계는 책 이야기 나누기 단계입니다. 1단계를 거쳐 라포가 형성된 아이들은 자연스레 책 이야기를 궁금해합니다. 그런 아이들에게 억지로 외우지 않아도 되는 쉬운 발문을 개발해야 합니다. 그래서 아이들에게 '어 나도 답변할 수 있네.' 하는 자신감을 불어넣어 주어야 합니다. 그런데 쉬운 발문, 재미있는 발문 개발이 도리어 쉽지 않지만 독서 토론을 위해 연구자들은 이런 수고를 하여야 합니다. 우리 아이들이 행복해하니까요. 3단계는 삶 적용하기 단계로, 책 이야기를 내게 적용해 보기도 하고, 우리 사회의 발전 방향에 대해서도 이야기해 보는 단계입니다. 사실 이 3단계가 독서 토론의 핵심입니다만 이 3단계부터 시작하면 독서 토론은 흥미를 읽게 되고 다들 떠나가게 됩니다. 그래서 2단계가 필요하고, 1단계가 필요한 것이지요. 세상 이치처럼 긴 호흡으로 차근차근 단계를 밟아 나가면 토론도 엄청 재미있습니다.

『행운이 너에게 다가오는 중』 이야기식 독서 토론 발쿠

1단계 : 배경지식 꺼내기
1-1) '행운' 하면 떠오르는 것은?
1-2) 행운의 여신이 있다면 지금 가장 받고 싶은 것은?
2-1) 받고 싶은 행운이 이웃과 인류에게도 도움이 되나요?
2-2) 첫 번째 생각한 행운을 수정하고 싶은가요?

행운이 나에게만이 아니라 이웃과 인류까지 미치도록 지도하는 발문이자, 2단계 자유론 이야기와 자연스레 연계되는 발문으로 구성한다.

3-1) 현재 우리 사회에서 가장 심각한 문제가 있다면 어떤 것을 들고 싶나요?
3-2) 그 문제를 어떻게 해결할 수 있을까요?

2단계 : 책 내용 나누기
1-1) 이 소설에는 어른들의 낯부끄러운 이야기가 많이 나옵니다. 이 책에서 어른들이 '일곱 살짜리와 열다섯 살짜리'에게 각각 어떻게 이

야기한다고 하나요?(23)
- 일곱 살짜리 : 용감해지라.
- 열다섯 살짜리 : 비겁해지라. (불의를 보고 눈 감는 방법, 보고도 못 본 척하는 방법)

1-2) 그럼 열다섯 살짜리 청소년에게 뭐라고들 얘기하나요?
- 그저 공부만 해라. 앞으로 어떻게 살 것인지 계획을 세우고, 대학 걱정이나 해라.

1-3) 여러분은 그런 부모님들께 뭐라 말씀드리고 싶나요?

1-4) 여러분이 어른이 되면 자녀들을 어떻게 가르치고 싶나요?

2-1) 주인공 우영이와 형수가 변두리 아파트 피시방을 찾았다가 우연히 발견한 사건을 누가 요약해 볼까요?(31)
- 학교 근처 피시방에는 잘나가는 애들이 깔려 있고 돈도 뜯기고 하여 애들이 안 찾는 오래된 아파트 피시방을 찾았다. 우연히 아파트 복도에서 창을 넘어가는 친구 은재를 발견한다. 처음엔 도둑으로 의심했지만 곧 아빠의 폭력으로 그리한 것을 알게 된다.

2-2) 이 뒤에 전개된 이야기를 누가 해볼까요?

2-3) 우영이는 어떤 어려움이 있었나요?(39)
- 학원 공부만 닦달, 컴퓨터만 켜도 게임 한다고 오해

2-4) 형수와 우영이는 은재 문제를 처음엔 어떻게 해결하려고 하나요?(41)

2-5) 나중엔 어떻게 진행되었나요?

2-6) 이 과정에서 형수는 어떻게 임하고 있나요?(44)

- 상처받은 이를 모른 척하지 않는다.

2-7) 우리는 어떻고, 우리 사회는 상처 받은 일에 대해 어떻게 반응하고 있나요?

3-1) 은재와 형수 아버지는 어떻게 처음 만나게 되었나요?(62~63)

- 은재가 고통을 삭이기 위해 달리게 되고 형수 아버지 축구부 운동장에서 만남

3-2) 형수 아버지는 어떻게 접근하였나요?

- 말을 걸어보았다.

3-3) 여러분은 어려운 친구나 사회를 향하여 어떤 말을 걸어보고 싶나요?

3-4) 여자 축구의 실태를 아는지요? 여자 축구를 활성화하는 방안이 있을까요?

4-1) 다시 은재 이야기를 해보자. 은재가 매일 밤마다 운동장을 찾아오는 것을 알고 주장 지영이가 한 일은?(108)

- 공 하나를 밖에 두었다.

4-2) 지영이는 은재를 위해 공 하나를 컨테이너 밖에 두었던 것이었죠. 혹시 여러분도 이런 경험이 있나요?

4-3) 이처럼 남모르게 도와주는 사람들이 우리 주변에는 많습니다. 예를 들어볼까요?

5-1) 최 감독은 축구을 인생에 빗대어 은재에게 설명하고 있습니다.

"이게 네 인생이야. 달리면서 절대 공을 놓치면 안 돼."

"공을 빼앗겼다고 바보같이 서 있을 거야?"

"경기장 안에서 너 혼자 아무리 잘 달려 봐야 소용없어. 네가 공을 가지고 있으면 누구든 빼앗으러 올 테니까."

이때 은재가 "그럼 어떻게 해요?"라고 묻자 최 감독이 한 말은?

- 어쩌긴. 네 인생을 친구에게 부탁해야지.

5-2) 이게 무슨 말일까요?(111)

   - 패스

5-3) 네 인생을 친구에게 부탁해야지. 패스, 이 말의 뜻이 무엇일까요?

- "저기 그 자리에 분명 다른 선수가 있을 거야. 그다음 몫은 그 선수에게 맡기는 거야."

5-4) 우리가 어떻게 살아야 행복한 삶을 살 수 있을까요?

> 독서 토론의 시작은 '독서 말 걸기'이다. 이 책의 축구부 감독 선생님도 힘들어하는 은재에게 축구하라고, 공부하라고 강요하지 않고 툭 던지는 말 한마디, '공 좀 차줄래.', '패스하면 돼.', '라면 먹고 가.' 이런 말을 툭 던진다. 이게 은재를 살리는 말 걸기가 된 것이다. 독서 토론도 이런 말 걸기부터 배우는 것이 필요하다.

3단계 : 삶 적용하기

1-1) 은재 문제를 바라보는 경찰에 대해 생각해 보자.(47)

- 경찰도 은재를 구해주지 못했다.

1-2) 그 이유는?

- 말을 안 들어서 말입니다. 친구 물건을 훔쳤다지 뭡니까?

1-3) 이 경우, 자녀를 체벌할 수 있나요?

1-4) 경찰의 행동은 2차 가해라고 할 수 있나요? 일전에 성추행으로 보궐 선거를 치른 곳이 있는데 이때 어떤 2차 가해가 있었나요?

- 2차 가해라고 생각한다. 생략.

1-5) 우리 사회의 여러 문제가 드러났을 때 2차 가해로는 어떤 것이 있을까요?

2-1) 이 소설에는 비겁한 어른 이야기가 많이 나옵니다. 어떤 사람이 비겁한 어른일까요?(88)

- 수많은 은재를 못 본 체하는 사람

- 폭력 앞에서 창문을 닫던 사람

2-2) 어떻게 비겁한 어른에서 벗어날 수 있을까요?

3-1) 은재는 그 다음 날 은재 아빠에게 축구 하겠다고 말한다. 그 후 어떻게 진행되었나요?

- 아빠에게 심하게 맞고 방에 갇혔다.

- 결석하게 되어 친구들이 찾다가 방에 갇혀 있는 것을 발견

3-2) 결국 아이들과 최 감독은 은재를 아빠에게서 구출합니다. 이 장면에서 작가는 "인생은 불공평하지만 불공평한 인생에 손 내밀어 주는 건 언제나 다시 인간들이다."라고 말합니다. 무슨 말일까요?

3-3) 우리 삶은 공평할까요, 불공평할까요? 우린 공평한 세상을 만들기 위해 어떻게 살아야 할까요?

4-1) 은재가 드디어 축구 경기를 하게 되어 형수와 우영이, 반장 등이 응원하러 갑니다. 이러면서 작가는 인생의 비밀을 알려줍니다. 어떤 비밀일까요?

- 다른 사람의 인생을 바꾸는 일은 그저 관심을 가져주는 것이다.(196)

4-2) 무슨 뜻일까요?

4-3) 이 소설의 주인공 아이들에게 작가는 제목처럼 속삭인 말은?

- "지금 행운이 다가오는 중이라고 그러니 조금만 더 기다려 보라고."(197)

4-4) 이번엔 여러분이 친구들에게 행운을 선사해 볼까요? 누구에게 어떤 행운을 선사하고 싶나요?

5) 이 책을 읽고 이야기를 나눠보고 싶은 주제가 있으면 말해볼까요?

> 3단계 삶 적용하기 토론에서는 자기 얘기를 풀어놓도록 하는 것도 필요하다. 아이들과 계속 토론하다 보니 학생들의 가정 이야기도 원치 않게 알게 되는 경우가 있다. 이런 정도가 되면 스승과 제자의 만남이 된다. 나아가 우리 사회의 모습을 진단하고 바람직한 방향에 대해 토론하면서 우리 제자들을 미래 우리 사회의 주인공으로 돕게 된다. 이게 바로 이야기식 독서 토론의 매력이다.

원주 독서학교 야외 토론

독서 토론은 왜 하는가?

금년엔 코로나 상황이 깊어지면서 원주 학생들간이 아니라 대한민국 독서대회로 만난 전국의 제자들과도 온라인으로 독서 토론 한마당을 펼칠 수 있었습니다. 매주 토요일마다 전국의 학생 친구들과 만나 '카톡 토론'도 하고 '줌 토론'도 하며 책 읽기의 즐거움에 푹 빠질 수 있었습니다. 특히 금년엔 제20회 대한민국 독서대회를 온라인으로 개최하면서 '카톡 토론'과 '줌 토론'의 위력도 실감할 수 있었습니다. 미래 대비 교육이 미미하였지만 우린 독서 교육으로 지혜롭게 헤쳐나갈 수 있었습니다.

'카톡 토론'을 들어보셨나요? 화상 온라인 수업도 불편할 때가 있습니다. 이때 카톡 수업을 착안하게 되었습니다. 코로나로 학교 등교를 꽤 오래도록 못 할 때, 학생들의 긴 방학으로 생활 질서가 무너질 때, 아침마다 카톡으로 학생들과 소통하였습니다. 아침에 일어나면 하루 생활 계획을 카톡으로 받았고 독서와 학습 계획도 카톡으로 보고 받았습니다. 밤이 되면 오늘 읽은 책 이야기를 수업 카톡방에 올려 서로 공유하며 선한 독서 동기를 부여받도록 운영하였지요. 이러한 훈련을 거쳐 독서학교로 모이기 어려운 코로나 상황 때 우린 카톡으로 독서 토론 수업도 신나게 했습니다. 대면 토론수업보다야 못하지만 그런대로 유익한 교육 활동으로 전개할 수 있었습니다. 대면 수업 때는 좀 소극적이던 학생들이 카톡 수업 때는 그동안 게임으로 익힌 자판 실력을 유감없이 발휘하기도 하였고, 눈에 보이는 것이 없으니(?) 신나게 토론에 집중할 수 있었습니다. 눈에 안 들어오던 학생들이 두각을 나타낸 것도 카톡 토론 수업부터이니 긍정적인 효과도 꽤 있었습니다. 카톡 토론 수업 내용은 다음 장에서 사례를 제시해 봅니다.

한 권의 책을 읽고 학생들과 이런저런 이야기를 나눈 지도 22년째가 됩니다. 『호모 데우스』로 천안 신당고등학교 학생들과 이야기식 독서 토론과 상생-협동(3-3-3) 독서 토론 한 마당을 펼쳐 보았습니다. 고등학생들이라도 좀 어려운 책이었습니다. 그래서 선생님들과 학부모님들과도 한 번 더 토론해 보았습니다. 독서 토론이라는 말이 조금 부담스러운 분들과는 책 이야기를 재미있게 나눠보았지요.

『동물농장』을 함께 읽으면 토론이 더욱 풍성해집니다. 이 시대 우리 지도자를 보면서 여러분은 어떤 지도자가 되고 싶은가요? 이 시대 진정한 리더십에 대해 생각해 볼 수 있는『동물농장』을 떠올려봅니다. 머리로 읽고, 가슴으로도 읽으며 다음 세대에는 우리 학생들 중에 우리 사회 최고의 지도자를 만날 수 있기를 소원해 봅니다.

『동물농장』은 오래전에 서울대학교에 본고사 있을 때에 논술 대상 도서로 제시되면서 전국의 학교를 강타한 소설입니다. 또한 세계 유일의 분단 지역인 강원도에 살고 있는 교사로서, 강원북도에 대한 소망이 남다른 교사로서 정철의 관동팔경을 온전히 답사하고 싶은 교사로서 이 책을 주목하게 되었습니다.

아주 오래전에 네이버와 함께 전국 독서논술다 회를 개최한 적이 있었지요. 이때 선정한 도서가 바로『동물농장』이기도 했습니다. 이 책을 어떻게 선정하였을까요? 네이버 전국 독서논술대회를 개최하면서 전국의 선생님들이 대상 도서를 추천해 주셨지요. 그리고 가장 많은 추천을 받은 도서로 압축하여 중학교 도서로『동물농장』을 선정하였습니다. 집단 지성의 힘으로 선정하여『동물농장』으로 신나는 독서 토론과 독서논술 한마당을 펼칠 수가 있었습니다.

당시 대상 도서로 선정한 이유가 국가 지도자에 대한 갈증으로, 리더십 토론이 가능하다는 것이 가장 큰 이유였습니다. 그런데 어떤지요? 지금도 국가의 리더십은 여전히 중요하지요. 그래서 고전이라 하는 듯싶습니다. 동서고금을 막론하고 여전히 많은 사람들이 읽고, 우리 사는 세상 이야기를 맘껏 이야기하고, 지도자에 대하여 올바른 탐색을 할 수 있으니 이런 책을 우린 고전이라 하지요.

　독서 토론 도서는 이처럼 이야깃거리를 풍부하게 담고 있어야 합니다. 우리 선생님들은 이런 이야깃거리를 많이 담고 있는 도서를 선정하여 토론 활동을 전개할 수 있으면 좋겠지요. 그런데 이 『동물농장』이 유명하다 보니 초등학생까지 읽히는 것을 볼 수 있어 마음이 편하지 않았습니다. 좋은 책이라고 아무나 읽은 것은 좋지 않습니다. 읽어야 할 발달단계에 맞는 도서를 선정하여 제시해 주는 것이 바로 우리 독서지도 교사의 양식입니다. 이런 전문성이 부족할 경우는 독서새물결 같은 교육적 토론에 힘쓰는 교사 모임의 도움을 받아 선정하는 것도 필요합니다.

　코로나 이전까지는 매년 방학마다 학생들을 이끌고 해외 인문학 캠프를 다녀오곤 했습니다. 윌리엄 셰익스피어 고향에서 셰익스피어 희곡 연극을 관람했던 일, 낯선 런던 거리를 헤매며 금세 익숙해졌던 런던 탐험 레이스, 형제의 나라 터키에서 동서양 문화의 융합을 몸소 체험했던 이야기가 지금도 생생합니다. 셰익스피어의 4대 비극을 읽고 갔고 『처음 읽는 터키사』를 읽고 갔기에 그 감동은 더욱 깊었습니다. 책을 읽으며 생긴 호기심과 열정이 현장에서 살아나 우리에게 다시 다가왔으며 우리 인문학 캠프단 학생들을 따뜻하게 맞이해 주었습니다. 우린 밤늦게까지 읽고 간 책으로 토론하며 셰익스피어를 만나고 터키를 다시 만났습니다. 셰익스피어 연극을 관람하면서 문학의 위대함도 만났고, 기독교와 이슬람 문화를 만난 깊은 밤에도 숙소에서 학생들과 토론하며 인문학의 진한 감동을 이어갈 수가 있었습니다.

 문명의 고향 그리스도 다녀왔습니다. 이번에드 그리스로 가기 전에 어떤 책을 읽고 갈까 고민하기 시작했지요. 그러면서 초등학생을 위해서는 『고대 그리스의 역사 속으로 GO! GO!』(크리스 브레사, 지식나이테), 중등학생을 위해서는 『맥을 잡아주는 세계사 1 그리스사』(맥세계사편찬위원회, 느낌이있는책)를 선정하였습니다. 당시 소크라테스를 만나고 플라톤을 만난 감정은 무엇으로도 표현할 길이 없네요. 제우스 신도 만나 인간과 신 사이의 이야기도 들어보았습니다. 밤새 토론하며 그리스의 밤은 깊어갔고, 문명 출발의 이야기를 나누며 우리 모두는 인문학 향기에 맘껏 취했었지요.

 이처럼 멀고 가까운 여행지를 다녀오더라도 한 권의 책이 있으면 더욱 행복한 여행이 될 수 있습니다. 우리는 늘 인문학 캠프를 떠나기 전에 해당 지역의 역사와 문화 관련 책을 선정하여 읽고 떠납니다. 읽은 책으로 현장을 경험하며 행복했던 경험은 이루 표현할 수가 없습니다.

 여행기 하면 『열하일기』지요. 한글로 짓지 못한 한 가지를 제외하면 이만한 여행기가 없습니다. 그래서 『열하일기』를 선정하여 학생들과 인문학 여행의 즐거움을 나눠보았습니다. 학생들을 인솔하여 인문학 근거지를 다니면서 최고의 여행기 『열하일기』를 빠뜨릴 수는 없겠지요? 박지원의 『열하일기』를 읽으며 중국도 이해하고 조선의 삶과 미래도 읽을 수 있었습니다.

 『정의란 무엇인가』(마이클 샌델, 와이즈베리) 이 책은 지난 2014년 전국 독서지도교사 겨울 연수에서 대상 도서로 선정하여 독서 토론 연수를 진행한 도서입니다. 독서새물결은 매년 방학마다 전국 단위 독서 교육 교사 연수를 실시하고 있으며, 지난 2014년에는 이 책으로 토론 전문 연수를 실시하고, 다음 해인 2015년에는 『10대를 위한 JUSTICE 정의란 무엇인가』를 선정하여 중학교 대상 독서 토론대회를 개최하기도 하였습니다. 초등학교 학생들에게는 『어린이를 위한 정의란 무엇인가』(안미란, 주니어김영사)가 적절합니다.

그 이후 독서새물결이 서울교대 평생교육원에서 위임받아 18년째 운영하고 있는 독서 토론지도사 자격 과정 연수나 원주 인문학 독서학교 등에서 대상 도서로 선정하여 독서 토론 활동을 지금까지 실시하고 있습니다. 즉 검증된 좋은 책이라는 말입니다. 특히 토론거리가 풍부하여 독서 토론 대상 도서로서 매우 좋습니다. 또한 '정의'라는 좀 어려운 주제를 마이클 샌델 교수가 하버드대학교 강단에서 다양한 예화를 통해 학생들에게 강의한 내용이어서 아주 재미있기도 하고, 사례와 예화 중심이어서 생각보다 쉽게 접근할 수 있는 책이기도 하였습니다.

이 책은 자유사회의 시민은 타인에게 어떤 의무를 지는가, 정부는 부자에게 세금을 부과해 가난한 사람을 도와야 하는가, 자유시장은 공정한가, 진실을 말하는 것이 잘못인 때도 있는가, 도덕적으로 살인을 해야 하는 때도 있는가 등 우리가 시민으로 살면서 부딪히는 어려운 질문들을 설득력 있게 풀어나갑니다.

'오늘날 우리 사회는 정의로운 사회일까?', '정의로운 사회가 되기 위해 우리는 무엇을 어떻게 해야 할까?' 이 글에는 정의를 설명하며 제레미 밴

담의 공리주의를 통해 다양한 예화를 제시하고 있습니다. 영국 난파선 배에 타고 있던 파커 이야기나 선로에서 작업하고 있던 철도 노동자 이야기 등을 통해 최대 다수의 최대 행복을 이야기하고 있습니다. 다수의 이익을 위해 소수는 희생될 수 있을까요?

일전에 KTX 강릉선 탈선 사고 때 전화를 좀 받았습니다. 필자 고향이 강릉 정동진이기 때문입니다. 그래서 그 이후 진행된 이천 양정여고 독서토론 특별캠프 때 마이클 샌델 교수처럼 저도 강릉선 탈선 사고를 예화로 강의를 해보았습니다. 다수의 이익을 위해 소수는 희생될 수 있는가? 기차가 지나는 철도 위에서 작업하던 노동자 5명이 희생되어야 하는지, 기차가 지나지 않는 예비 선로에서 편하게 쉬고 있던 노동자 1명이 인원이 소수라는 이유로 희생당하는 것이 정의인지에 대해 이천 양정여고 학생들과 진지한 토론을 해보았습니다. 강릉선 탈선 사고를 연계하면서, 여러분은 다수의 이익을 위해 소수는 희생될 수 있다는 토론 주제에 대해 어떻게 생각하나요? 무엇이 정의일까요?

어떤 분은 책만 읽으면 된다, 책을 읽은 아이들에게 아무것도 시키지 말라고 합니다. 언뜻 보기에 멋진 말처럼 보이지만, 독서 교육은 멋진 것만을 추구하면 안 됩니다. 그래서 저는 독서운동도 중요하지만 독서 '교육' 운동을 펼친다고 얘기하곤 합니다. 책을 읽었으면 그 책 내용으로 맘껏 이야기하도록 이끌어주어야 합니다. 책을 읽었는데, 그냥 가만히 있으라 하면 그건 고문이지요. 우리 청소년들은 그냥 가만히 있게 두면 안 됩니다. 무엇이듯 움직이는 교육이 필요합니다. 독서도 그러합니다.

책을 읽었으면 한바탕 책 이야기를 나누었으면 합니다. 처음부터 독서 토론을 하라고는 않습니다. 책을 읽은 아이에게 다가가 조용히 말을 걸어 보는 것입니다. 그 책 읽고 느낀 게 좀 있니? 무엇을 느꼈니? 어떤 사건이 마음에 와 닿았니? 어떤 인물이 떠오르니? 어떤 내용이 가슴에 남아 있니? 이렇게 '독서 말 걸기'로 시작하여 '독서 대화'로 발전하는 것이 바로 행복한 이야기식 독서 토론인 것입니다.

그래서 우린 책을 읽고 날마다 토론도 합니다. 신나게 토론하고 재미있게 토론하고 그러다 보니 우린 행복합니다. 독서 토론이 주는 즐거움은 행복만이 아닙니다. 독서 토론을 하다 보면 새로운 생각도 하게 되고, 새로운 판단도 하게 되고, 나와 다른 친구의 의견도 만납니다. 그리고 나의 생각도 다듬어지지요.

독서 토론은 예기치 못한 창의력도 생깁니다. 일전에 『마당을 나온 암탉』으로 토론을 진행할 때가 생각나네요. 잎싹이 낳아 기른 '초록머리'가 나중에 알고 보니 청둥오리 새끼였지요. 그래서 엄마 잎싹은 아들 청둥오리의 친구들이 저수지에 날아와 놀다가 추운 겨울이 오고 따뜻한 남쪽 나라로 날아갈 때 너도 같이 날아가라고 일러줍니다. 그러나 초록머리는 자신을 낳아주고 길러준 어머니를 떠날 수 없다고 우기지요. 아침마다 밥상머리에서 엄마와 아들의 신경전이 펼쳐집니다. 그리고 아시듯이 초록머리는 다음 해 겨울에 철새 떼들과 같이 남쪽 나라로 날아갑니다. 만약 여러분이 초록머리라면 자신을 길러준 어머니를 떠나 남쪽 나라로 날아갔을까요, 아니면 떠나지 않고 어머니 곁을 지켰을까요? 우리 학생들의 답변은 이랬습니다.

"선생님, 엄마 잎싹을 보아하니 곧 돌아가실 것 같습니다."

"그래서 전 잎싹이 죽은 후 장사 지내고 그 후에 친구 따라 강남으로 날아가겠습니다."

제가 물은 것은 어머니를 떠나 날아가겠는가? 아님 어머니를 지키겠는가였는데 아이들은 또 다른 생각으로 토론에 참여하였지요. 토론을 지도하다 보면 이런 상황을 무지 많이 경험하게 됩니다.

독서 토론을 재미있게 하다 보면 의도하지 않게 다양한 문제 해결 능력도 생깁니다. 자기 주도 독서 능력이 자기 주도 학습 능력까지 이어지는 것을 수없이 만나곤 합니다. 매주 주말 독서학교를 운영하면서 난 아이들에게 독서 토론밖에 지도하지 않았지만 학생들은 수학도 영어도 과학도 성적이 오르는 경험을 많이 하게 됩니다. 저도 처음에는 잘 이해가 되지 않았지만 학부모님들이 슬쩍 전해주신 말씀에서 그 비밀을 알게 되었습니다. 집에 돌아온 아이들이 컴퓨터를 켜면 우리 엄마들은 걱정을 하게 됩니다. 대부분의 아이들이 컴퓨터 앞에서 게임을 시작하기 때문이지요.

그러던 어느 날 아이가 컴퓨터 앞에 또 앉기에 걱정부터 하였는데, 뒤에서 들여다보니 뭔가 조사하고 정리하는 모습이 보이더라는 것입니다. 그래서 좀 더 자세히 보니 선생님이 읽으라는 책을 읽고, 이야기식 독서 발문도 만들고 교차질의식 독서 토론지도 만들더란 것입니다. 게임이 아니라 독서 활동을 컴퓨터로 한 것이지요. 그 학생의 성적이 오르게 된 것은 당연한 이치이지요. 원하는 대학에 진학한 것도 물론이고요.

'카톡 토론'으로 신나게 수업하기

일시 : 제383차 / 2020. 3.14.(토) 10:00-13:00
제1부 : 교차질의식 독서 토론
제2부 : 상생협동(3-3-3) 독서 토론
제3부 : 이야기식 독서 토론

제1부 : 교차질의식 독서 토론

• 토론 주제 : 이야기식 독서 토론이 교육적으로 더 효과적이다.

임영규 : 『독서토론 이야기』의 교차질의식 독서 토론과 상생협동 독서 토론, 『국가론』에 대한 이야기식 독서토론 이렇게 3부로 나누어 진행합니다. 먼저 『독서 토론 이야기』를 읽고 주제 '이야기식 독서 토론이 교육적으로 더 효과적이다.' (반대-교차질의식 독서 토론이 교육적으로 더 효과적이다) 에 대한 독서 토론을 시작하겠습니다.

이현정 : 이야기식 독서 토론이 교육에 더 효과적입니다.
첫째, 이야기식 토론은 학생들이 다양한 주제로 사고를 넓히는 것을 돕습니다. 이야기식 토론은 학생들의 흥미를 이끌어주며 자유롭게 참여를 유도하기 때문에 자신의 생각을 이야기하고 연

속적으로 다른 토론자와 토론을 이어가면서 창의성도 향상시킬 수 있습니다. 대상 도서 62~67쪽에서는 이야기식 토론으로 학생들이 책을 읽고 그 속에서 스스로 발문을 만들고 다양한 이야기를 하면서 '행복한' 독서 토론을 경험했다고 나와 있습니다. 또 학교 정규수업에도 이 토론을 적용시키면서 학생들이 즐거워했다는 것은 이야기식 토론으로 학생들의 수업 참여를 더 향상시켰다는 것입니다. 이것은 교육, 즉 지식이나 기술을 가르치며 '인격'을 길러준다는 의미에 부합하기 때문에 이야기식 토론이 보통 학생들이 인식하는 경쟁과 같은 토론에서 벗어나 교육 효과를 향상시키는 데 더 효과적이라고 볼 수 있습니다.

둘째, 이야기식 토론으로 학생 개인의 학습 능력을 향상시킬 수 있습니다. 이야기식 토론은 학생이 스스로 발문을 만들고 자신의 생각을 차분히 정리하고 발언을 하는데 이는 독서 관련 외에도 학교 수업이나 다른 과목의 공부를 할 때도 스스로 이해하려고 노력하는 자세를 기를 수 있게 해줍니다. 이러한 과정을 반복하면서 학생은 자신이 알고 있는 부분과 모르는 부분을 찾아내어 학습 효과도 더 기를 수 있습니다. 이야기식 토론의 방법을 배우고 이를 개인 학습에도 적용시키며 공부하면 교육적인 부분에서 더 많은 효과를 볼 수 있습니다.

임영규 : 이제 교차조사 및 반론과 재반론, 즉 묻고 답하기를 시작합니

다. 준비된 학생부터 시작해 주세요.

신송하 : 발제 잘 보았습니다. 두 번째 근거에서 발문을 만드는 과정으로 학습 능력을 향상시킬 수 있다고 하셨는데 교차질의식 토론을 하기 전 토론지를 만들면서 생각을 정리하다 보면 교차질의식 토론 또한 학습 능력 향상에 도움이 될 것입니다. 이에 대해 어떻게 생각하시나요?

이현정 : (송하) 대상 도서에서도 교차질의식 토론을 하고자 이야기식 토론 후 더 깊이 토론해 보고 싶은 주제로 토론을 한다고 나와 있습니다. 물론 교차질의식 토론 또한 학습 능력 향상에 도움이 되기는 하지만 한 주제에 대해 토론하는 것이기 때문에 평소 학습에 적용시키는 데에는 이야기식 토론처럼 전체적인 내용을 바탕으로 토론하는 것이 더 학습 능력 향상에 도움이 된다고 생각합니다.

김재민 : 이야기식 토론이 개인의 학습 능력을 향상시킬 수 있어서 교육에 더 효과적이라고 하셨는데 요즘 학교에서는 개인의 학습 능력도 중요하지만 친구들과 함께 모둠을 만들어 학습하는 것이 더 중요하다고 합니다. 그렇다면 교차질의식 토론이 더 효과적이지 않을까요?

이현정 : (재민) 학교에서 모둠 활동을 한다고 해도 그 시간이 교차질의식 토론처럼 찬성, 반대를 나누어 수업하기보다는 이야기식 토론처럼 여러 가지 주제로, 다양한 이야기를 하는 경우가 많다고 생각합니다.

이현정 : (재민) 이야기식 토론이 다른 토론보다 더 효과적이라기보다는 이야기식 토론 방법을 배우는 것을 통해 스스로 학습하는 능력을 더 효과적으로 기를 수 있다고 생각합니다. 실제 사례는 진연호 토론자님께 한 답변을 참고해 주시기 바랍니다.

김재민 : 답변 감사합니다. 이야기식 토론이 학습 능력에 더 효과적이라는 실제 사례가 있나요?

정수현 : 자신이 알고 있는 부분과 모르는 부분을 찾아내어 아는 것은 오히려 교차질의식 토론에서 상대방의 의견을 잘 들으며 키울 수 있다고 생각합니다. 이에 대해선 어떻게 생각하시나요?

이현정 : (수현) 아는 부분과 모르는 부분을 찾아내는 것은 교차질의식 토론에서도 효과적일 수 있으나 교차질의식 토론에서는 한 가지 주제로 깊이 있게 토론해야 하기 때문에 평소 학습을 하면서 알고 모르는 것을 찾는 데는 이야기식 토론처럼 전체적으로 사고

를 할 수 있는 것이 더 중요하다고 생각합니다.

정수현 : (현정) 이야기식 토론은 여러 가지 주제로 토론하기 때문에 오히려 시간에 쫓겨 깊게 들어가기 어렵고 다른 사람들 또한 한 사람이 제시한 질문에 대하여 제대로 조사를 하지 않았다면 오히려 의미 없는 시간이 되지 않을까요?

심채연 : 이야기식 토론은 생각의 폭, 사고의 폭이 넓어진다고 하셨는데 사고의 폭은 굳이 이야기식 토론뿐만 아니라 생각하는 시간이 많은 교차질의식 독서 토론에서도 작용하지 않을까요?

이현정 : (채연) 말씀해 주신 토론지 쓰기와 같은 부분은 교차질의식 토론을 말씀하시는 것인가요?

심채연 : 토론지 쓰기가 모든 토론 준비 과정이기 때문에 교차질의식뿐만 아니라 모든 토론 방법에서 가능한 것임을 말씀드린 것입니다.

진연호 : 두 번째 근거에서 이야기식 토론을 반복하다 보면 자신이 알고 있는 부분과 모르는 부분을 찾아내어서 학습 효과를 더 기를 수 있다고 하셨는데 이에 대한 실제 사례가 있나요?

이현정 : (연호) 제가 경험한 것을 말씀드리자면 저는 과학 과목에서 어려움을 겪었던 적이 있었고, 제가 어느 부분에서 모르는 것인지 파악하기 위해 문단별로 질문을 만들어 스스로 답변해 보면서 정확하게 알고 있지 않은 부분을 보충하는 식으로 공부하였습니다. 이런 방법을 통해 실제 학습 효과가 나타났습니다.

김시율 : 발제 잘 보았습니다. 첫 번째 주장에서 이야기식 토론이 학생의 참여를 더 향상시켰다고 하셨는데 교차질의식 토론이 학생 참여를 더 향상시킬 수 있지 않을까요?

이현정 : (시율) 교차질의식 토론은 많은 학생들이 함께 참여하기에는 무리가 있다고 생각합니다. 또 제대로 준비하지 않았다면 토론이 활발하게 이루어질 수 없습니다. 이야기식 토론은 배경지식 단계에서라도 다양한 의견을 나눌 수 있기 때문에 학생 참여를 더 향상시킬 수 있다고 생각합니다.

정한결 : 발제 잘 보았습니다. 토론자님께서 이야기식 토론이 학생들의 흥미를 이끌어주고 자신의 생각을 이야기할 수 있다고 하셨는데 이것은 대부분의 학생만 포함되지 몇몇 학생들은 학생은 부끄럽거나 소심해서 자신의 생각을 이야기할 수 없을 수도 있지 않을까요?

이현정 : (한결) 객관적인 사례는 아니지만 제가 진연호 토론자님께 했던 답변을 참고해 주시기 바랍니다. 객관적인 연구조사는 더 찾아보도록 하겠습니다.

임영규 : 이현정 토론자님께서 답변과 재반론을 잘해주셔서 감사드려요. 이제 반대 쪽 발제, 즉 '교차질의식 독서 토론이 더 효과적이다.'란 주제로 토론을 시작할게요. 준비된 학생이 먼저 시작해 주세요.

• **토론 주제** : 교차질의식 독서 토론이 교육적으로 더 효과적이다.

심채연 : 저는 교차질의식 독서 토론이 교육적으로 더 효과적이라고 생각합니다. 그 이유로는
첫째, 교차질의식 토론은 공동의 문제를 객관적으로 바라보는 능력을 길러줍니다. 즉 공동의 사회 문제에 대해 학생들의 주관적인 시선이 아닌 제3자의 입장에서 생각해 보며 해결하기 위해 깊이 있게 토론하는 독서 토론입니다. 대상 도서 77쪽에 '노출된 공동의 문제를 해결하고 서로 공감한 문제를 어떻게 하든 해결하려고 노력하게 됩니다.'라고 나와 있습니다. 또한 토론을 하면서 '나'의 주장이 옳다고 우기는 것이 아니라 상대방의 주장에 대해 수용하고 공감하는 과정에서도 객관적인 능력을 길러줄 수 있습니다. 이러한 교차질의식 토론을 통해 학생들

이 내 입장만을 생각하는 것이 아니라 객관적으로 공동의 문제를 바른 자세로 바라보는 능력을 키우게 해줍니다.

둘째, 교차질의식 독서 토론은 학생들의 학습에 도움이 됩니다. 이것은 학생들이 토론지를 쓰고 자료를 찾아보는 과정에서 알 수 있습니다. 주장에 대한 근거를 찾기 위해 학생들은 다른 책이나 기사를 찾아보고, 학교에서 배운 교과서를 다시 한번 더 훑어보며, 한번 배우고 끝냈을 내용을 다시 한번 생각해 보고 학습할 수 있습니다. 대상 도서 70쪽에 '배우고 있는 교과서를 근거로 삼아 진행하는 독서 토론입니다.'라고 나와 있습니다. 이를 보면 교차질의식 토론은 단순한 찬반 토론이 아니라, 이 교차질의식 토론을 통해 학습을 더 잘할 수도 있으며, 그래서 교육의 효과를 위해 더 효과적이라고 생각합니다.

김재민 : 감사합니다. 발제 잘 보았습니다. 그런데 교차질의식 토론은 너무 이분법적이라서 학생들이 서로 경쟁의식을 느낄 수도 있고 그렇기에 토론이 끝나고 서로 좋지 않은 감정이 생기지 않을까요?

심채연 : (재민) 물론 교차질의식 토론에서는 경쟁심을 느낄 수 있지만, 대상 도서(74~75쪽)에도 나오듯이 교차질의식 토론은 상대 팀의 좋은 점을 칭찬하기도 하며 수용도 하는 토론입니다. 그렇기 때문에 경쟁심을 느낄 수 있다는 것을 인정하지만, 앞서 말씀

드렸듯이 칭찬과 수용을 통해 사그라질 것이라고 생각합니다.

김재민 : (채연) 이야기식 역시 발문을 만들고 스스로 답변을 정하는 과정에서 학습에 효과적이지 않을까요?

김태현 : 발제문 잘 봤습니다. 먼저 교차질의식 토론과 이야기식 토론의 차이가 객관성이라고 하셨는데 맞나요?

심채연 : (태현) 이야기식 토론과 비교하여 객관적이라고 한 것은 아니고요. 교차질의식 토론에서는 이야기식 토론보다 더 객관적이라고 생각합니다.

김시율 : 교차질의식 토론을 통해 객관적인 능력을 키워줄 수 있다고 하셨는데 이것은 이야기식 토론에서도 가능하지 않을까요?

심채연 : (시율) 하지만 이야기식 토론은 자신의 생각을 말하기 때문에 교차질의식 토론보다는 객관성이 적다고 생각합니다.

김시율 : (채연) 하지만 저는 이야기식 토론을 통해 여러 주제로 토론을 하면서 객관성을 더욱 키울 수 있다고 생각합니다.

용지훈 : 교차질의식 토론이 공동의 문제를 바른 자세로 바라보는 능력을 키운다고 말씀하셨는데, 교차질의식 토론은 찬성과 반대가 나누어져 있고 그에 반해 이야기식 토론은 찬반이 나눠져 있지 않습니다. 그렇다면 서로 이기려고 경쟁하는 교차질의식 토론보다는 이야기식 토론이 공동의 문제를 더욱 바른 자세로 바라볼 수 있게 해줄 것입니다.

심채연 : (지훈) 하지만 이야기식 토론도 찬반 토론을 통해 도출된 문제도 해결하고 조율할 수 있다고 생각합니다.

용지훈 : (채연) 문제 해결과 조율 측면에서는 토의 형식을 띠는 이야기식 독서 토론이 더욱 낫다고 생각됩니다.

김태현 : (채연) 저는 다르게 생각합니다. 교차질의식은 두 진영으로 나누어 토론하는 방식인데 그렇다면 그 토론에 참여하는 토론자들은 찬성과 반대에서 말할 수밖에 없는데 객관적이지 않을까요? 오히려 이야기식 토론이 다양한 의견이 모아지며 객관적으로 토론할 수 있는 방법이 아닐까요?

김태현 : (지훈) 하지만 제가 생각할 때는 여기서 시간을 따져서 본다면 교차질의식이 시간이 더 단축되기 때문에 더 효율적이지 않을까

요? (채연) 한 주제에 대해 깊게 생각하고, 또한 한 주제로 계속 토론하지 않고 주제가 바뀌면서 학생의 학습에 도움이 된다고 생각합니다.

용지훈 : (태현) 물론 전체적인 시간만 보면 교차질의식 토론이 50분 이내이고 이야기식 토론은 1시간 반쯤 진행하게 됩니다. 하지만 교차질의식은 토론하는 내내 계속 같은 주제로 토론을 하지만 이야기식 토론은 순간순간에도 토론 주제를 바꾸며 진행할 수 있습니다. 그렇다면 토론자님께서 말씀하신 시간을 따져봤을 때 이야기식 토론이 더욱 효율적이라는 것을 알 수 있습니다.

임영규 : 열띤 토론 감사해요. 적극적으로 참여해 주셔서 감사드려요. 심채연 토론자 발제와 재반론 수준 높게 잘해주셨습니다.

(중간 생략)

발제 후 학생들의 묻고 답하기, 즉 반론과 재반론을 지상 중계해 드렸습니다. 학생들이 토론할 때 교사가 개입하여 사회를 본다든지 내용에 끼어드는 것은 좋지 않습니다. 토론을 다 마친 후에 주장이 명쾌한지, 중첩된 것은 없는지를 지도하면 좋습니다. 흔히 학생들의 토론을 지켜보면 주장만 있고 근거가 없는 경우가 많습니다. 주장할 때는 근거를 들도록 훈련해야 어른이 되어서도 근거를 가지고 말하는 습관을 가지게 됩니다. 위 학생들은 대상 도서와 교과서를 근거로 제시하고 있는데 사실 훈련받은 학생들이어서 그렇습니다. 일반적으론 학생들이 대상 도서를 반영하거나 자신들이 배우는 교과서를 근거로 제시하는 경우가 드뭅니다. 교과서를 근거로 제시하는 교육적인 독서 토론 지도가 필요합니다.

제2부 : 상생협동(3-3-3) 독서 토론
토론 주제 : 코로나19 해결을 위한 바람직한 방안

임영규 : 토론 주제는 '코로나19 해결을 위한 바람직한 방안'입니다. (찬반이 아닌 정책 토론 형태, 적정기술 측면에서 토론해 주세요.) 찬반이 아니니 자유롭게 토론하시되, 대상 도서(『독서 토론 이야기』나 『소녀, 적정기술을 탐하다』)를 근거로 말씀해 주시면 더 좋습니다.

김재민 : 최근에 코로나19의 확산이 비약적으로 늘었습니다. 전 세계에서는 약 11만 명, 한국에서는 약 8,000여 명의 확진자가 발생했습니다. 또한 코로나19에 대항하는 항체가 발견되었지만 실제 사용까지는 약 1년에서 6개월이 걸린다고 합니다. 즉 치료제가 만들어지기만을 기다리기는 힘이 드는 겁니다. 그래서 저는 재

사용 마스크와 확진자 경로, 자가진단 기능이 있는 앱 등이 필요하다고 생각합니다. 먼저 재사용 마스크는 마스크 대란이 일어나고 있는 지금 가장 필요하다고 생각합니다. 게다가 1인당 한 장씩만 사도 충분하니 경제적이기도 합니다. 그리고 여러 가짜 사이트에서 사기를 당하지 않고 안전하게 사용이 가능하고 사용자들이 확진자 경로를 본 뒤 그 경로를 피해 다니고 자가진단이 가능해 효율적이라고 생각합니다. 그래서 저는 적정기술을 사용한 코로나19 해결 방안으로 재사용 마스크와 경로, 진단 앱이 필요하다고 생각합니다.

정수현 : 확진자 경로를 피해 다니면 확진자가 다녀가지 않았더라도 주변 상가에 피해가 생기지 않을까요?

김재민 : (수현) 그래도 피해가는 것이 더 빠른 시기에 해결할 수 있기에 주민과 상가에도 피해가 덜 갈 것입니다.

김태현 : (수현) 그런데 그로 인해서 확진자가 더 발생한다면 내수 경제는 그냥 바닥에 떨어지고 모든 상권들이 죽는데 이에 대해서는 어떻게 생각하시나요?

정수현 : (태현) 그럼 다수의 이익을 위해 소수의 상권들의 피해를 보장

하지 않아도 된다는 것입니까?

김재민 : (수현) 그래서 정부에서 지원해 준다고 합니다. 발제 잘 보았습니다. 자가진단 앱이 실제로 사용되고 있나요?

김진환 : (태현) 항체 사용까지 1년 6개월이란 말은 보지 못했습니다. 지금 슈펙트라는 약이 효과적이어서 사용하고 있고, 메르스 약품에서도 99%의 바이러스를 없앤다고 말했습니다. 치료제는 이미 만들어진 거 같은데 어떻게 생각하십니까?

김재민 : (진환) 1년에서 6개월이고 검사를 해야 해서 실험 단계입니다.

용지훈 : 또한 자가진단 앱을 개발한다고 하셨는데 현재 코로나는 증상이 매우 다양하다고 합니다. 따라서 검사를 통해 체내에 있는 코로나 바이러스를 확인하는 것인데, 어떻게 자가진단 앱을 개발할 수 있을까요?

김재민 : (지훈) 마스크 필터를 교체하면서 사용하면 괜찮을 것입니다. 여러 상황이 있어 모두 진단을 할 수는 없지만 안 하는 것보다는 나을 것입니다.

용지훈 : (재민) 제가 질문드린 것은 앱의 효율성도 맞지만 앱을 개발하는 방법입니다.

햇살 : 텔레비전 프로그램에서 봤는데 확진자가 다녀간 곳은 철저히 소독을 해서 오히려 확진자가 안 다닌 곳보다 더 안전하다고 들었습니다.

김태현 : (햇살) 그런데 원주 축협에서 한번 확진자가 발생하고 다시 발생했다고 합니다. 이에 대해서는 어떻게 생각하시나요?

김재민 : (햇살) 경로가 아주 많기에 아직 하지 못한 곳이 있을 수 있습니다. 그 예로 저희 집 앞쪽의 마트는 확진자가 다녀갔는데 아직 소독을 하지 않았습니다.

햇살 : (태현) 상황이 어떻게 되어서 확진자가 나왔는지 자세하게 설명해 주실 수 있을까요?

심채연 : 발제 잘 보았습니다. 하지만 최근 뉴스에 마스크를 썼는데도 코로나 환자와 같은 엘리베이터에서 코로나에 걸렸다고 하는데 이 사례를 보면 마스크가 효율성이 떨어진다고 생각합니다. 그럼 재사용 마스크 또한 효율성이 떨어지지 않을까요?

김재민 : (채연) 하지만 엘리베이터 안에서는 밀폐된 공간이라 전염 가능성이 높고 마스크를 사용하면 침으로 전파될 가능성을 줄일 수 있습니다.

임영규 : 다들 잘 참여해 주셔서 감사해요. 다른 좋은 방안 누가 말씀해 주세요.

김진환 : '코로나19 해결을 위한 바람직한 방안'에 대하여,

첫째, 한국 질병 관리 본부에 의하면 "침으로 옮는 것이라, 기침도 입을 막고 하고 마스크를 쓰면 괜찮다."라고 말한 바가 있습니다. 그만큼 코로나에는 마스크가 꼭 필요한데 지금 마스크 부족으로 인해서 국민들이 큰 어려움을 겪고 있습니다. 마스크 공장도 자재가 없어 마스크를 생산하지 못한다고 말했습니다. 마스크 자재를 확보하고 마스크를 만드는 것에 큰 심혈을 기울여야 합니다.

둘째, 코로나 의심자와 접촉자를 철저하게 격리하지 않으면 더 많은 코로나 확진자가 나오기 때문에 철저하고 확실하게 격리해야 합니다. 코로나 의심자가 밖으로 나오면 다른 사람들도 옮게 됩니다. 그러므로 격리를 철저하게 해야 합니다.

셋째, 우리의 의료 기술로 완치를 해야 합니다. 코로나는 에이즈 치료제로 치료했지만 이제는 슈펙트라는 약을 개발했으니 실

천에 옮겨 완치를 더 늘려야 합니다.

김재민 : 둘째 이유, 코로나 바이러스는 잠복기가 길고 그동안 가장 전파가 많이 되기에 힘든 실천 방안이 아닐까요?

김진환 : (재민) 힘들지만 확진자의 경로가 홈페이지 또는 재난 문자로 오기에 격리가 조금 더 수월해졌습니다.

김재민 : 그리고 약품은 개발되었지만 부작용이 있는지 시험을 거쳐야 해서 최소 6개월이 걸린다고 했는데 어떻게 생각하십니까?

김진환 : (재민) 슈펙트라는 약은 부작용이 없는 것으로 확인이 되었습니다.

김재민 : 토론자님께서는 어떤 적정기술을 사용하셨나요? 적정기술 측면에서의 준비인데….

김진환 : (재민) 적정기술을 통하여 약을 만들고 마스크를 만드는 것 아닌가요?

정주현 : (진환) 약은 적정기술이 아니라 첨단 기술 아닌가요?

용지훈 : (주현) 하지만 그 상황이나 사회에 적정하게 이용될 수 있다면 적정기술 아닐까요?

정주현 : (지훈) 그렇군요…. 답변 감사합니다.

임영규 : 코로나를 해결을 위한 다른 좋은 방법 없을까요?

(중략)

제3부 : 이야기식 독서 토론

임영규 : 좋은 의견 감사합니다. 『국가론』 이야기식 토론 시작합니다. 자신이 읽은 인상 깊은 장면부터 소개하고 자신의 의견을 말씀해 주세요.

김시율 : 저는 아데이만토스가 철학자의 소질을 용기, 도량, 이해력, 기억력이라고 말한 장면이 인상 깊었습니다. 왜냐하면 철학자에게 용기가 필요할 것이라고는 생각해 본 적이 없었기 때문입니다.

조우진 : 저는 『국가론』을 읽으며 소크라테스는 많은 사람에게 본이 되실 분이라고 생각했습니다. 왜냐하면 글라우콘, 폴레마르코스와 이

야기하며 소크라테스의 생각을 잘 나타내었기 때문입니다.

김태현 : 저는 이 책을 읽고 다른 사적들을 봤을 때 아리스토텔레스와 플라톤의 이데아에 대한 관점이 다른 것이 인상 깊었습니다. 플라톤은 우리가 공부 연구를 통해 이 세계에서 벗어나 이데아를 찾아야 한다고 주장했지만, 그의 제자인 아리스토텔레스는 이 세상에서 이데아를 찾을 수 있다는 주장의 차이가 발생했기 때문입니다.

정수현 : 저는 플라톤이 사람은 태어날 때부터 지위가 정해져 있고, 통치자는 금, 수호자는 은, 시민은 동으로 만들어졌다는 말이 가장 인상 깊었습니다. 왜냐하면 지금은 사람들이 모든 사람은 평등한데 그때 플라톤의 사상과 현시대 사람의 생각이 너무나 다른 것이 느껴졌기 때문입니다.

강하선 : 저는 트라시마코스가 강자의 이익이 정의라고 한 것이 인상 깊었습니다. 왜냐하면 현재 대한민국에서는 이렇게 생각하는 사람이 적기 때문입니다.

강하은 : 트라시마코스가 정의는 강자의 이익이라고 한 부분이 인상적이었습니다. 왜냐하면 정의를 평소에 그렇게 생각하지 않았는데

강자의 이익이라는 부분에 놀랐습니다.

정한결 : 저는 『국가론』에서 철학자가 통치를 해야 한다는 부분이 제일 인상 깊었습니다. 저는 그런 부분에 대해 깊게 생각해 본 적이 없기 때문입니다. 그러나 곰곰이 생각해 보면 그 말이 새롭고 맞는 것 같기도 합니다. 왜냐하면 통치자의 올바른 판단이 매우 중요하기 때문입니다. 철학자는 비교적 지혜와 통찰력을 가지고 있기 때문에 통치자의 역할에 적합하다고 생각합니다.

김진환 : 소크라테스가 정의란 선량한 자에게 이익을 악한 자에게는 해를이라는 말이 인상 깊었습니다. 한 번도 그렇게 생각해 본 적은 없었기 때문입니다.

임영규 : 좋아요. 그럼 현재 각국 지도자(대통령, 수상)는 어떤지 평가해 볼까요? 훌륭한 국가를 만들기 위한 바람직한 통치자, 오늘날에도 소크라테스의 주장이 통할까요. 바람직한 국가상을 책 속 인물과 연결하여 자유롭게 말해보세요.

강하선 : 이번에 세계적 재앙이 된 코로나 사태를 보면서 통치자의 판단이 얼마나 중요한지 느꼈습니다. 그래서 플라톤이 얘기한 통치자에 대한 자질이 더 중요하게 느껴졌습니다.

김태현 : (하선) 어떤 면을 중요하게 여겼는지 알려주실 수 있을까요?

임영규 : 10분 후에 오늘 토론을 마감합니다. 자신이 인상 깊게 읽거나 이해한 부분을 말씀해 주시거나 바람직한 국가나 지도자상을 말씀해 주시면 됩니다. 가능한 반론보다는 자신의 의견을 말씀해 주시면 좋겠습니다. 10분 후 오늘 수업 마감합니다.

강하선 : (태현) 일본과 우리나라를 보면서 그래도 우리나라는 빠르게 대처를 잘했는데 일본은 국민보다는 올림픽만 개최하려고 하는 모습을 보면서 그래도 우리나라가 더 대처를 잘하고 있다는 생각을 했습니다.

김태현 : 아, 네 반론을 못 하니까, 제가 생각할 때 가장 중요하게 생각하는 지도자의 상은 철의 여인 마가렛 대처 수상입니다. 왜냐하면 그녀는 당시 희망이 없는 영국 경제와 사회에 강성 노조를 없애서 경제를 부활시키고 시민들의 문화 수준과 민주주의 사회를 다시 살렸기 때문입니다.

강하선 : 제가 생각하는 지도상은 조선의 정조 대왕입니다. 왜냐하면 우리나라의 제2의 전성기를 이끌고 또 우리나라 백성들을 생각하며 우리나라를 위해 힘써 노력하셨기 때문입니다.

강하은 : 저는 세종대왕님이 생각났습니다. 어려서부터 책을 많이 읽으셨던 세종대왕은 플라톤이 말한 철학자와 비슷하다고 생각합니다. 백성들을 사랑하는 마음도 커서 노비에게도 출산 휴가를 주고 농사를 잘 지을 수 있는 『농사직설』이라는 책도 만드셨습니다. 더욱 중요한 것은 우리 모두가 알고 있는 한글을 창제하신 것입니다.

김재민 : 제가 생각하는 바람직한 지도자상은 오바마 대통령입니다. 왜냐하면 그는 흑인 대통령으로서 인종차별을 최소화하고 나라를 잘 이끌어 나갔기 때문입니다.

임영규 : 이상으로 오늘 토론 수업은 마치겠습니다.

'진로 소논문'으로 진로 설계하기

원주 독서학교 교육과정으로 진로 소논문 작성하기가 있습니다. 7년 전쯤으로 기억합니다만 우리 아이들이 자신의 진로에 대한 설계도 부족하고, 그 진로를 준비하는 것도 부족해 보였습니다. 그러다가 『소녀, 적정기술을 탐하다』를 읽고 토론하면서 학생들의 진로에 대해 관심을 갖게 되었고, 자신의 진로 관련 주제를 정하고 논문 형식으로 작성해 보도록 지도하였습니다. 1학기에는 진로 설계에 초점을 두었고, 2학기가 되면 구체적으로 개인별 첨삭 지도를 통해 자신의 진로 소논문을 완성하게 됩니다.

진로 소논문을 완성하면 학년 말 공개 토론회에서 이 진로 소논문 발표회를 갖습니다. 고생한 우리 학생들의 수고에 격려하는 의미도 있고, 우리 학부모님들께서 아이들의 진로를 위해 학원만 보내지 말고, 진로 소논문 발표를 들으면서 저들의 진로와 진로 준비에 대해 관심을 갖도록 하였습니다.

처음에는 개인별 첨삭 지도가 쉽지 않았는데 독서 토론 지도할 때처럼 선배들이 멘토가 되어 함께 도와주어서 지금은 좀 수월하게 지도할 수 있습니다. 예상치 못한 주제 접근과 표현 방법, 그리고 소박한 저들의 논리 전개를 보면서 학문의 완성인 글쓰기 지도를 하고 있습니다.

독서와 토론을 거친 학생들이 글쓰기와 논술 교육이 회복되는 옳은 독서 교육을 기대하며 소망합니다.

미래의 에너지의 올바른 발전 방향
- 친환경 에너지에 대하여

반곡중 2학년 심채연

진로 소논문 지도는 매년 1학기에 주제 설정부터 지도하게 됩니다. 주제 설정은 자신의 진로를 정해야 가능한 일이므로 사실 진로 지도로 볼 수도 있습니다. 2학기가 되면 아래 내용처럼 개인별 목차 첨삭 지도를 시작합니다. 학생들의 목차가 주제를 잘 구현하고 반영하고 있나, 연구 방법은 적절한가, 연구 과정이 논리적인가를 개별 첨삭 지도하여 아래와 같은 목차를 완성하게 됩니다.

1. 서론
1.1 연구 동기 및 목적
1.2 연구 대상과 연구 방법
1.3 선행연구

2. 본론
2.1 에너지에 대하여
2.2 에너지 인식 실태와 개선 방안
2.2.1 현 에너지의 문제점 인식

2.2.2 학생들이 지향하는 에너지

2.2.3 에너지의 올바른 발전 방향

2.2.4 미래의 예상 에너지

2.2.5 친환경 에너지 인식

2.2.6 조사 결과 정리 및 배경

2.3 친환경 에너지 살펴보기

3. 결론

3.1 연구 내용 요약 및 강조

3.2 연구 소감

1. 서론

1.1 연구 동기 및 목적

최근 들어 더욱 뚜렷하게 늘어났던 미세먼지, 기후변화, 환경오염 등의 현상들의 공통적인 원인은 현 에너지이다. 현재 우리는 석탄, 석유 등을 이용한 화력 에너지에 많이 의존해 있는데 이 에너지의 오염 물질은 환경과 지구에 위와 같은 현상들로 악영향을 끼친다. 전 세계에서 이러한 현상을 해결하고자 친환경적인, 지속 가능한 에너지들을 개발 중이다. 미래의 후손들에게 더 깨끗하고 맑은 환경을 물려주고, 지구의 환경을 개성 및 치유하는 것이 그 목표이다. 이처럼 살아갈 미래의 더 나은 모습을 만들어갈 미래의 에너지와 방향에 대해 관심을 가지게 되어 연구를 하게 되었다. 우리나라 미래의 주인인 우리나라 청소년 중 반곡중 2학년 학생들이 생각하고 바라는 미래의 에너지는 무엇인지, 에너지의 올바른 발전 방향은 무엇인지에 대해 알아보고 미래의 에너지로 주목받고 있는 친환경 에너지의 문제점, 장단점, 해결 방안 등을 연구하는 것이 연구의 목적이다.

1.2 연구 대상과 연구 방법

연구 대상은 원주시 반곡중학교 2학년 학생 50명 대상으로 조사를 진행하였다. 연구 방법은 설문지를 만들어 직접 배포 및 회수 방식으로 실시하였다. 연구 대상이 적어 연구 결과에 신빙성이 떨어질 수 있다는 점과 작성자가 전문가가 아니라는 점이 한계이다.

1.3 선행조사

미래의 에너지에 대한 조사 및 연구는 앞서 진행된 바 있다. [1]'YTN 사이언스'는 미래의 에너지로 핵융합 에너지를 언급했다. 핵융합 에너지는 태양이 빛을 내는 원리와 같이 원자핵이 고온에서 충돌, 결합되는 것을 이용하는 에너지로 바다가 동력원이고 온실가스나 고준위 방사성 폐기물을 배출하지 않는 청정에너지이다. 우리나라 같은 경우

---

1) 2020 'YTN 사이언스'- 에너지 전쟁 3회, 인류문명 그리고 에너지의 미래

국가핵융합연구소 KSTAR 토카막에서 핵융합에 대한 활발한 연구가 이루어지고 있다.

'요르겐 [2]랜더스 노르웨이 BI 비즈니스스쿨 명예교수'는 2052년의 도시 미래를 기후 변화의 측면에서 지구의 온도는 2050년 2도 더 증가할 것으로 예측해 현재 오염 산업에 투입되는 노동력과 자본을 2%만 청정에너지 부문으로 전환하면 기후 변화 대응이 가능하다고 주장하였다. 예로 자동차 산업 중 일부가 전기 자동차를, 화석 에너지 산업계가 태양력과 풍력 등 재생에너지에 전환하면 미래의 환경적인 변화가 될 수 있다고 한다.

[3]'한국융합 논문'에 따르면 최근까지 석탄과 원자력으로 대표되는 발전기술은 에너지 수요의 다양화에 따라 태양광, 풍력, 지열, 파력, 조력 등 재생에너지와 핵융합, 연료전지로 대표되는 신에너지와 상호 경쟁하며 지역에 따라 여러 형태로 분화되어 전개될 것이라고 주장한다.

[4]'한국태양에너지 학회'에서는 화석연료 사용을 억제할 뿐만 아니라 미래의 에너지를 친환경 에너지, 신재생에너지 등 환경에 긍정적인 에너지들을 내세우며 발전 방향을 친환경적으로 나타냈다.

진로 소논문을 쓰기 위한 연구 방법이 다양하지만 학생들이 적용 가능

---

2) 2015년 환경일보
3) 한국융합 논문 에너지-지능정보기술 융합에 따른 미래에너지 서비스 산업 예측연구
4) 한국태양에너지 학회 오정무-에너지 환경의 시대적 고갈 및 미래에너지 시나리오

한 설문 조사 방법을 주로 안내했으며, 선행 연구 조사로 꼭 하도록 지도하여 다른 연구자의 연구를 참고하도록 하였습니다. 다양한 연구 결과를 보면서 아이들은 자신의 연구 자세를 다지는 계기가 될 수 있었습니다.

2. 본론

2-1 에너지에 대하여

우선 에너지에 대해 정의를 내리자면 이 소논문에서 에너지는 우리가 필요한 전기를 얻기 위한 도구로 화력 에너지, 원자력 에너지, 태양력 에너지와 같은 것을 나타낸다.

원시시대 사람들은 불로 오늘날의 에너지들을 대체하였는데 이처럼 에너지는 인간의 생활을 위해 필요한 요소이다.

2.2 에너지 인식 실태와 개선 방안

에너지는 앞서 설명함과 같이 인간에게 매우 중요하다. 하지만 최근 들어 우리가 흔히 쓰고 있는 화력 에너지, 원자력 에너지에 여러 문제점과 단점이 비추어지면서 여러 에너지들이 새롭게 개발되고 있다. 이에 반곡중 2학년 학생들은 이러한 상황에서 어떤 인지를 하고 있는지에 대해 살펴보았다. 또한 바뀌는 환경에 지구 미래의 에너지는 어떻게 변화될 것인지 조사해 보았다.

2.2.1 현 에너지의 문제점 인식

학생들은 현 에너지의 문제점에 대해 어떤 생각을 가지고 있을까?

학생들은 선택 사항으로 대량의 오염 물질, 낮은 효율성, 차지하는 부피, 기타 중 그래프와 같이 현재 에너지의 문제점이나 개선점으로 대량의 오염 물질을 답하였다. 그 외 높은 순으로 낮은 효율성, 기타라고 대답하였다.

2.2.2 학생들이 지향하는 에너지

그럼 이러한 문제점을 보았을 때 학생들은 어떤 에너지를 지향하고 있을까? 기후변화, 환경오염으로 망가져가는 이 시점 지구에서 우리는 어떤 에너지를 추구해야 할까?라는 생각을 하게 해주는 질문이다. 어떤 것이 에너지 발전의 중요한 요소라고 생각하고 지향하는지 설문 조사를 실시한 결과 친환경 에너지, 경제적 이득인 에너지, 적용하기 편리한 에너지, 기타의 설문 문항 중 66%로 친환경 에너지라고 답한 학생이 가장 많았고, 경제적 이득인 에너지라고 답한 학생 18%, 적용하기 쉬운 에너지라고 답한 학생 14%, 기타로 '효율적이고 폐기가 쉬운 에너지'라고 답한 학생 2%였다. 이를 통해 다수의 학생들이 환경을 우선시하고 생각하는 모습을 알 수 있었다.

2.2.3 에너지의 올바른 발전 방향

학생들에게 '에너지의 올바른 방향은 무엇인가?'에 대해 물어보았을 때, 대부분의 학생들이 환경을 파괴하지 않고 경제적 이득을 얻을 수 있는 방향이라고 답하였다. 이를 보면 학생들은 환경과 인간이 서로 공존하며 조화를 이룰 수 있기를 바라고 있다는 것을 알 수 있다. 그 외에도 전기를 절약할 수 있는 방향, 효율적이고 안전한 방향, 미래 지향적이고 피해 없는 방향 등 다양한 의견이 제시되었다.

2.2.4 미래의 예상 에너지

학생들에게 '미래에 이용될 에너지는 무엇인가'에 대해 질문해 보았을 때 44.88%가 태양력, 수력, 풍력과 같은 자연을 이용한 에너지를 선택하였고, 12.24%가 화력 에너지를 16.32%가 수소에너지를 14.28%가 핵융합 에너지를 선택하였다. 그리고 12.24%의 학생들은 새로운 에너지가 개발될 것이라는 기타를 선택하였다.

2.2.5 친환경 에너지 인식

친환경 에너지에 대해 알고 있다고 답한 학생은 48%, 친환경 에너지에 대해 모른다는 학생은 52%로 생각보다 친환경 에너지에 대한 개념을 모르는 학생들이 많았다.

설문 조사를 해보았을 때, 미래 환경이 악화될 것이라는 질문에 그렇다고 답한 학생들이 94%를 차지하고, 그렇지 않은 학생들이 6%를 차지했다. 따라서 대부분의 학생들이 미래 환경이 악화될 것이라고 인식하고 있다는 사실을 알 수 있었다. 또한 친환경 에너지로 미래 환경 문제를 정화 및 해결할 수 있다고 생각하는지의 질문에는 50명 중 '예'라고 답한 학생 18명, '아니요'라고 답한 학생 8명, 잘 모르겠거나 무응답한 학생 24명이었다.

2.2.6 조사 결과 정리 및 배경

우선 현재 우리나라의 에너지 발전량 비율을 살펴보면 아래 사진과 같다. 우리나라는 석탄, 원자력, LNG를 주로 사용하고 있다는 것을 알 수 있다. 이로써 현 에너지란 아래와 같이 현재 주로 사용하고 있는 에너지를 뜻한다.

첫 번째 설문 조사 결과 대다수의 학생들이 오염 물질을 현 에너지의 문제점으로 집었다. 실제로도 현재 에너지가 오염 물질로 환경오염을 초래한다는 것은 사실이다. 현재 우리나라는 원자력, 화력 발전과 LNG 사용률이 높은데 거제환경운동연합에 따르면 현재 남해안은 하동과 삼척포 석탄 발전소로 심각한 대기오염을 겪고 있다고 한다. 석탄 같은 경우 석탄을 태우는 과정에서 대량의 이산화탄소가 배출이 되고, 대기오염을 일으키며 산성비를 만들어 대기뿐만 아니라 토양까지도 오염시킨다. LNG 같은 경우 석탄에 비해 온실가스의 양은 적지만 화력 에너지로 시설 인근 주민들이 오염 물질에 대한 걱정으로 꺼려 한다고 한다.

최근에 일어난 현상으로 코로나의 여파로 여러 공장들이 일시 중단하게 되었는데 공장이 멈추자 미세먼지가 줄고, 맑은 하늘이 지속되었다. 그 이유는 공장에서 생성되는 오염 물질이 배출되지 않았기 때문이다. 원자력 발전 또한 현재 주로 사용하는 에너지 중 하나이다. 원자력 에너지는 평소에는 적은 양의 오염 물질로 환영받고 있지만 과거 체르노빌, 후쿠시마 원전사고처럼 사고의 위험이 높고, 그 피해가 심각하다. 원자력 발전 속 방사능이 유출되면서 그 주변의 환경들이 오염되어 현재에도 후쿠시마 같은 경우 방사성 수치가 다른 지역보다 높게 나오기도 한다.

학생들뿐만 아니라 전 세계가 친환경적 에너지를 지향하고 있다. [5]그린피스는 2010년 온실 기체 배출량을 줄이기 위해 애플, 마이크로소프트, 아이비엠, 야후, 페이스북 등 IT 분야 대표기업들의 데이터 센터 전력을 신재생에너지로 바꿀 것을 요구했다. 캘리포니아는 현실적으로 어렵긴 하나 환경을 생각해 2045년까지 대기오염 물질을 전혀 배출하지 않는 친환경 전력만 100% 사용하도록 법을 만들어 추진하고 있다고 한다. 현재는 이 정책이 완벽하지 않지만 점점 더 활성화된다면 지구와 생태계를 생각하고 함께 공존하는 이상적인 방법이 될 것이다. 재생에너지 또한 친환경적 에너지 중 하나이다. 독일은 친환경 에너지 정책을 지향하는 국가로 독일의 프라이부르크는 재생에너지를 이용한 세계의 성공사례이다. 또한 현재 파리협정, 기후변화협약 등 환경 관련 협약이 많아지면서 미래의 방향을 저탄소와 친환경에 초점을 두고 있다.

5) 책 『왜 기후변화가 문제일까?』

2.3 친환경 에너지 살펴보기

친환경 에너지(eco-friendly energy)는 개발과 이용 과정 중에 오염 물질이 생성되지 않거나 거의 생성되지 않는 에너지를 뜻한다. 친환경 에너지는 많은 종류가 있는데 그중 첫 번째로 태양열 에너지가 있다.

우선 [6]태양열 에너지의 원리를 알아보자 태양열 에너지는 태양으로부터 나오는 열을 한곳에 모은 고열로 직접 난방에 이용하거나 터빈을 돌리는 힘으로 전기를 생산한다. 태양열은 현재 우리 일상에서 쉽게 접할 수 있는 친환경 에너지의 대표적인 사례이며 주목받고 있는 에너지이다. 이 에너지는 태양의 열을 이용하기 때문에 무한한 에너지이고, 온실 기체 배출이 적으며 기존의 화석연료에 비해 생산 가능한 지역적 편중이 적고, 다양한 적용 및 이용이 가능하다는 것이 장점이다. 대중적이어서 누구나 쉽게 에너지 생산이 가능하다는 점 또한 장점이다. 하지만 단점은 초기 설치 비용이 많이 들고, 비용 대비 에너지 효율이 떨어진다는 점이 있다. 그 외 자연현상을 이용한 풍력과 수력 에너지 또한 포함된다. 이들은 지속 가능성이 확보되어 미래에도 활발히 쓰일 것으로 예상한다.

두 번째는 바이오 에너지이다.

바이오 에너지의 바이오 연료는 [7]바이오 에탄올과 바이오 디젤로 나누어지는데 바이오 에탄올은 곡식을 발효시킬 때 나오는 에탄올을

---

6) 네이버 지식백과-태양열 에너지
7) 책 『10대와 통하는 환경과 생태이야기』, 163쪽

이용하고, 바이오디젤은 콩이나 유채씨 등에서 얻은 기름을 화학처리해서 만든 것이다. 보통 [8]바이오 연료는 유기계 폐기물, 농산물 폐기물, 축산 폐기물, 산업폐기물, 도시 쓰레기를 변환하여 연료화한다. 바이오 에너지는 재생이 가능하고, 원자력과 비교했을 때 환경 보전적으로 안전하며 적은 자본으로도 개발이 가능하다는 장점이 있다. 또한 화석연료보다 이산화탄소를 20% 가량 적게 배출한다. 하지만 넓은 토지 면적과 자원 양의 지역적 차이가 크고, 바이오 연료, 즉 곡식을 재배할 때 많은 에너지가 소비되기도 하는 단점이 있다. 하지만 브라질, 캐나다, 미국 등에서는 원자력 에너지와 비슷한 공급량을 생산하고, 여러 나라에서 이미 바이오 에너지 기술이 많이 보급되었기 때문에 거듭되는 발전으로 미래에 많이 사용될 것이라고 생각한다.

세 번째, 수소에너지이다.

수소에너지의 원료는 물이며 물은 지구상에 풍부하게 존재하기 때문에 지속가능할 수 있는 에너지라고 생각한다. 이 에너지는 [9]발전과정에서 소음이 없고, 다른 에너지에 비해 간단하고 효율적이다. 하지만 수소 연료의 효과적인 제어와 보관이 어렵다는 단점이 있다. 그렇지만 [10]우리나라에 1만 대의 수소에너지를 이용한 자동차가 이용될 경우 나무 60만 그루의 탄소 저감 효과, 성인 약 4만 9천 명이 필요한

---

8) 네이버 지식백과-바이오 에너지
9) 네이버 지식백과-수소에너지
10) 한국수자원공사

공기 정화 효과 또한 발휘할 것으로 예측하고 있으므로 더 많은 개발과 연구가 이루어진다면 수소에너지는 친환경 에너지로 많은 주목을 받을 것이다.

그 외에 태양이 빛을 내는 원리를 이용한 핵융합에너지 등 아직은 친환경 에너지들이 미래를 위해 발전 중에 있다. 따라서 환경의 오염과 생태계의 파괴를 막기 위해선 친환경 에너지의 공급이 필요하다.

학생의 연구 방법에 대해서는 지도하였지만 연구 내용을 수정하도록 지도하지 않았습니다. 학생들의 연구 결과를 존중하였고 그 의미의 중요성에 대해서도 지도하였습니다.

3. 결론

3.1 연구 내용 요약 및 강조

현재 우리가 사용하고 있는 에너지들은 대량의 오염 물질을 문제점으로 가지고 있다. 이러한 문제점으로 미래의 환경은 매우 악화될 것으로 예측한다. 반곡중 2학년 학생들을 대상으로 조사를 진행하였을 때 대다수의 학생들이 미래의 환경이 악화될 것이라고 생각하며 50명 중 18명의 학생이 친환경 에너지를 통해 이러한 환경 문제를 개선할 수 있다고 보았다. 물론 친환경 에너지만으로 환경 문제를 해결할 수 있는 것은 아니다. 하지만 친환경 에너지는 인간이 살아가면서 이익과 더불어 자연을 보존할 수 있는 방법이다.

친환경 에너지는 개발과 이용 중에 오염 물질을 배출하지 않는 것을 뜻한다. 앞에서 우리는 친환경 에너지의 대표적인 예로 태양열 에너지, 바이오 에너지, 수소에너지를 살펴보았다. 그 외에도 친환경 에너지가 개발되고 있는데 이를 바탕으로 친환경 에너지의 조건과 올바른 방향은 환경을 파괴하지 않으면서 지속 가능해야 하고 이 에너지들이 모든 사람이 쉽게 사용할 수 있게 상용화되어야 한다그 생각한다.

3.2 연구 소감

'반곡중 2학년 학생들이 생각하는 미래에너지와 올바른 발전 방향'에 대해 연구하면서 멀게만 느껴졌던 친환경 에너지에 대해 더 알아가고 미래에 내가 살아갈 모습을 그려보며 설문에 응답하던 학생들에게 친환경 에너지에 대해 알리며 더 환경에 대해 생각해 보는 시간을 가지게 된 것 같아 뜻깊었다. 미래에는 지금과 같은 환경문제로 고민하지 않길 바라며 연구를 마친다.

학생들이 만난 독서학교 이야기

학생들과 독서 토론을 하다 보면 자연스레 학생을 깊이 이해하게 되기도 하고 학생의 집안 사정도 원치 않게 알게 되기도 합니다. 처음에는 머뭇거리기도 하지만 서로 편하게 되면 학생들은 숟가락 숫자까지 말하게 됩니다. 역시 저도 고향 정동진 이야기도 하고 군대 이야기도 하면서 스승과 제자가 되는 행복한 경험을 하게 됩니다.

그러다 보니 자연스레 학생들의 부모님과도 가깝게 지내는 경우도 있습니다. 저를 무한 신뢰하며 귀한 자녀들을 맡기셨으니 교육적 열정과 전문성으로 아이들을 대하였습니다. 사랑과 신뢰의 관계가 10년 넘게 된 부모님들도 많습니다.

며칠 전 어느 부모님께서 카톡 하나를 보내주셨습니다.

잘 지내시지요? 선생님^^

얼떨결에 뜻깊은 성탄에 선생님께서 쏘신 선물이 제 차례도 되네요^^

다름 아니라 부끄럽지만 저희 민경이 소식 전합니다.

민경이 그간 여러 선생님들께서 응원해 주시고 도와주신 덕분에 학교장 추천 전형인 지역 균형 선발 전형으로 서울대 농경제사회학과에 합격하였습니다.

저희 민경이의 성장 발판이 되어주신 선생님과 박정애 선생님을 비롯한 독서새물결 선생님들께도 다시 한번 감사 인사드립니다.

가끔 어릴 적 원주로 독서 토론하러 다녔을 때 이야기도 합니다.

그때 저희 막내 오송이가 제 뱃속에 있다가 태어나- 아빠랑만 다니다가 백일 좀 지나 오송이를 차에 태우고 온 식구가 함께 매주 원주로 주말여행 삼아 가기도 했었는데요….

어느덧 그 막내가 초1이 되었답니다^^*

모든 게 행복하고 귀한 추억입니다.

그 귀한 시간을 저희 아이들에게 내어주셔서 다시 한번 감사드립니다.

대한민국의 학생들은 모두 우리 제자입니다.
다음 장에서 몇 명의 이야기를 더 소개해 봅니다.

정수현 : 원주 섬강중학교 2학년

입학 동기

저는 어렸을 적부터 책 읽는 것을 굉장히 좋아했습니다. 하지만 제가 책을 읽을 때는 그저 단순히 읽는 것뿐이어서 책을 읽고 깊게 사고하는 것이 어려웠습니다. 그에 따라서 저절로 비문학 작품보다는 큰 해석이 필요하지 않은 소설들을 읽게 되었습니다. 하지만 제가 초등학교 3학년 즈음에 독서 토론이라는 것을 알게 되었습니다. 학교에서 논술 시간에 조금씩 토론을 해본 것 말고는 해본 적이 없긴 했어도 저에게는 책을 읽고 남과 이야기를 하는 것은 큰 축복이었습니다. 그 이후에 5학년이 되어 논산에서 원주로 전학을 오게 되었습니다. 이사를 온 후로는 그동안과는 모든 게 달랐기 때문에 적응하느라 정신이 없었습니다. 그런 정신없던 중에 이런 독서 토론학교가 있다는 것을 알게 되었습니다. 당연하게도 저에게는 다니지 않을 이유가 없었습니다.

독서학교에서 배운 내용

독서학교에서 배운 내용 중 가장 기억에 남는 것은 이야기식 독서 토론이었습니다. 제가 그동안 했던 토론들은 대부분이 교차질의식 찬반 토론이었습니다. 그렇기에 책을 읽고 나눌 수 있는 생각들이 단편적이었던 반면에 이야기식 토론은 책을 보며 내가 하던 모든 생각들을 나눌 수 있어서 좋았습니다. 물론 그렇다고 교차질의식 토론이 안 좋은 것은 아니었습니다. 마이클 샌델의 『정의란 무엇인가』와 같은 책에서는 여러 가지 딜레마를 각기 다른 주제로 풀어나가며 교차질의식 토론을 하는 것이 여러 가지 방면에서 생각해 볼 수 있는 좋은 토론 방식이었습니다. 이 두 가지 토론을 합해 저에게 가장 의미 있었던 토론은 원자력 논쟁이었습니다. 제가 독서학교에 와서 가장 처음에 했던 주제이기도 하고 가장 열심히 준비했던 주제였습니다. 그리고 그 당시에 굉장히 화제가 많아 제가 관심 있었던 분야이기도 해서 가장 기억에 남습니다.

독서학교에 계속 다닌 이유

제가 독서학교를 계속 다닌 이유는 제가 즐거워서입니다. 독서학교에서 사귄 친구들과도 좋은 추억들을 쌓을 수 있었고 토론 자체도 너무 좋아서 계속 다녔습니다.

국내외 캠프 경험

국내외 독서 캠프는 꽤 많이 다녀봤습니다. 특히나 제가 가장 기억에 남는 것은 터키에 갔었을 때입니다. 그 당시에는 터키라기에 생소하다고 생각을 했었는데 여행을 하며 이야기를 들어보니 유럽 역사의 중앙에 있는 나라가 터키였습니다. 오스만 제국부터 지금에 이르기까지를 들어보면 굉장하지 않을 수 없었습니다. 터키라는 나라에 가서 터키를 주제로 토론을 하는 것 또한 즐거웠습니다. 특히나 이런 캠프의 장점들은 직접 여러 가지 문화의 흔적들을 따라가는 것이라고 생각됐습니다. 저 또한 터키라는 나라를 여행해 보며 더 자세히 알게 되니 터키라는 나라가 굉장히 매력적인 나라라는 것을 느낄 수 있었습니다. 터키는 코로나 팬데믹이 시작되기 직전에 갔던 곳이라 아직도 생생하고 의미 있던 장소였습니다. 얼른 코로나19가 종식되어 더 늦기 전에 이런 캠프를 많은 사람들이 느껴봤으면 좋겠습니다.

자신의 진로에 도움이 된 것이 있다면 적정기술과 연계하여 제시

제 진로는 아직 정해지지 않았습니다. 하지만 제가 가는 길에 도움이 되고 있는지는 확신에 차 대답할 수 있습니다. 저는 제가 어떤 사람이 되고 싶은지 찾게 되었을 때 아무런 장애물도 저를 막을 수 없게 뭐든지 할 수 있도록 최선을 다하는 중입니다. 그 모든 일에 가장 도움이 되고 있는 것이 이 토론입니다. 공부, 체육, 음악과 전혀 관계없이 제가 세상을 보는 눈을 조금 더 넓게 뜰 수 있게 해주고 있습니다. 지금 학생들에게 가장 중요한 것은 세상을 바라보는 시선이라고 생각합니다. 저를 포함한 제 친구들은 미래에 자신이 어떻게 될지에 대한 고민으로 인해 생기는 막연한 불안함이 엄습해 오고 있습니다. 그렇기에 모든 학생들에게 필요한 적정기술이 바로 세상을 볼 수 있는 눈이라고 생각합니다.

기타 하고 싶은 말

가끔 토요일날 늦잠을 자고 싶기도 하고 가기 싫어질 때도 있지만 항상 빼먹지 않고 가려고 합니다. 이런 하나하나의 작은 습관들이 우리의 미래에까지 연결될 것이라고 믿기 때문에 저에게는 정말 필요한 수업들이었습니다.

오의진 : 원주 버들초등학교 6학년

입학 동기

평소 책을 읽고 그 책에 대하여 이야기하는 것을 좋아하는데 혼자 하는 것보다는 여럿이 하는 것이 더 재미있을 것 같아 입학하게 되었다.

기억나는 내용

첫 진로 소논문을 완성했을 때와 미네르바 캠프가 가장 기억에 남는다. 왜냐하면 평소 진로 소논문에 대하여 접해본 적이 없었던 내가 첫 진로 소논문을 완성했을 때 한층 더 성장하는 느낌을 받았기 때문이다. 진로 소논문을 PPT로 만들어서 발표하는 시간을 가졌었다. 내가 만든 진로 주제와 내용을 설명하고 질의도 받았다. 긴장이 많이 되었지만 뿌듯하기도 하고 자랑스러웠다. 또 미네르바 캠프 때에는 새로 만난 친구들과 조금 더 자세한 토론을 하고 온 것 같아 재미있었다. 올해는 행구동 문화공감도서관에 있는 에듀팜에서 다양한 활동들을 할 수 있었다. 예를 들면 1인 1관찰로 고구마의 성장 과정을 관찰해 보기도 하고 수확도 하였다. 무엇보다도 고구마를 다 같이 둘러앉아 먹으니 더 맛이 있었다.

독서학교에서 『생각을 발견하는 토론학교 철학』이라는 책으로 다뤘던 수업이 가장 인상 깊다. 왜냐하면 이 책에서 재미있는 토론거리가 너무 많아서 시간이 가는 줄도 모르고 이야기가 흘러갔었다. 다음에도 기회가 된다면 또 하고 싶은 수업이었다.

독서학교에 계속 다닌 이유

독서학교는 또래들만 모여 있지 않고 초, 중, 고등학교 학생들이 모두 함께 모여 이야기를 나눈다. 그래서 더 다양한 의견을 들을 수 있고 다양한 의견을 나눌 수 있다. 나 혼자서 하는 토론이 아닌 다른 사람들과 함께 함으로써 더 많은 생각들을 들을 수 있다. 또 그 생각들로 인하여 생각의 폭이 더 넓어지는 것 같다. 또한 이야기식이라는 토론을 하고 나면 그 책에 대한 생각들과 작가의 의도를 더 잘 파악할 수 있었다. 교차질의식 토론을 하고 나면 나만의 편협된 사고가 아닌 다른 사람들의 주장과 폭넓은 근거 덕분에 알차게 배우고 온 느낌이었다. 내가 성장하고 있는 점이 느껴져서 더욱 좋았다.

미네르바 온오프 캠프 소감

온라인 캠프는 집에서 편하게 캠프에 참여할 수 있었다는 점이 가장 큰 장점이다. 또한 토론의 상대가 원주라는 지역에 한정되어 있지 않고 전국 또래 아이들과 대화를 나눌 수 있어서 흥미로웠다. 멀리 있지만 나와 같은 고민도 나누고 위로도 해서 책 한 권으로 이렇게 가까이 느껴질 수 있다는 점이 놀라웠다.

오프라인 캠프에서의 장점은 직접 만나 더 생생하게 토론하고 맛있는 점심과 저녁을 먹을 수 있다는 점이 정말 좋았다. '하루 종일 토론이 가능하구나….' 하는 점이 가장 신기했다. 정말 하루 종일 토론을 했는데도 지겹고 처지지 않고 너무 재미있게 토론을 하였다. 아마도 든든한 바비큐 점심과 맛있는 저녁을 먹어서인 것 같다. 코로나가 끝나면 꼭 1박 2일로 해 보고 싶다.

온라인과 오프라인 미네르바 캠프에 참여하다 보면 자연스럽게 토론에 필요한 순발력과 능력들이 채워질 수 있다는 점이 좋은 것 같다.

자신의 진로 및 진로에 도움 된 것이 있다면?

나의 장래 희망은 수의사이다. 독서학교의 수업을 통하여 적정기술에 대하여 이야기를 나눈 적이 있었다. 내가 수의사가 되어 주인이 없어서 동물병원에 갈 수 없는 유기 동물들에게 필요한 적정기술을 개발해 동물들에게 혜택을 주고 싶다는 생각이 들었다. 수의사가 되어 나를 위해서만 일하는 것이 아닌 사회에 도움이 되고 싶다는 참된 목표가 생겼다.

기타 하고 싶은 말

원주 독서학교에서는 책에 대한 이야기를 바탕으로 다양한 토론을 하는 점이 좋다고 생각한다. 일방적인 지식 위주의 수업이 아닌 내 생각과 느낌을 표현하고 다른 사람의 생각과 느낌을 들을 수 있는 유일한 수업이다. 매주 토요일 2시간의 수업은 그 어떤 수업보다도 나를 더 발전하게 만들어 준다.

전서형 : 원주 섬강중학교 1학년

평소 책 읽는 걸 좋아한다. 그런데, 책을 읽고 책에 대해 이야기를 나눌 기회가 거의 없었다. 엄마가 알고 있던 선생님께서 책 읽고 토론하는 곳이 있다고 독서학교를 추천해 주셔서 어떤 곳인지 궁금해 가게 되었다. 독서학교를 호기심으로 처음 다니기 시작하자마자 코로나19로 인해 오프라인 수업은 하지 못하고, 카톡으로 토론을 했었다. 그 후 직접 만나서 할 기회가 생겨났었는데, 온라인뿐 아니라 직접 만나서 수업을 했을 때도 생각보다 재미있었다. 어떤 곳인지 궁금해 몇 번 다녀보고 계속 다닐지 결정하려고 했는데, 그렇게 한 번 한 번 다니다 그것이 쌓여서 일 년이 지나고 지금까지 다니게 되었다.

독서학교를 다니면서 이야기식 토론지, 교차질의식 토론지 등을 처음 써 봤다. 또 소논문을 쓰는 것도 처음 해봤다. 토론지나 소논문을 처음 쓸 때는 방법도 모르고 소논문은 설명을 듣긴 했지만 설문 조사도 어떻게 하고, 질문을 만들어야 할지 몰라서 많이 어려웠다. 그런데 계속하다 보니 지금은 토론지는 어떻게 쓰는지 알게 됐고 소논문도 작년에 처음 했을 때보다 수월하게 쓸 수 있었다. 토론지를 작성하고 토론을 해보는 것도 새로운 경험이었다.

처음에는 목소리도 작고 어떤 말을 해야할지 어려웠었는데, 지금은 목소리는 조금밖에 커지지 않았지만 처음보다 재미있어졌다. 또 올해 초에 비트 관찰일지를 썼었는데 직접 밭에서 관찰일지를 쓰고 잡초도 제거해 보는 게 흔하게 해볼 수 있는 경험은 아니라서 새로웠다. 나는 책을 읽을 때 여러 분야보다는 내가 주로 좋아하는 분야의 책만 골라서 읽는 편이었다. 그런데 독서학교에서 읽는 대상 도서는 여러 분야의 책이기 때문에 여러 책을 접하는 것도 좋았다. 그리고 토론지를 쓰다 보면 책을 읽으면서 했던 생각들 말고도 더 깊게 생각해 볼 수 있었고 토론을 할 때도 내가 미처 생각을 안 해봤던 부분에 대한 의견이 나오기도 했고, 한 주제를 가지고 찬반 토론을 할 때는 여러 의견을 들을 수 있어서 좋았다. 토론대회를 준비하면서 대상 도서를 많이 읽고 어떤 책에 대해서는 오래 생각해 볼 수 있던 기회가 돼서 좋았다.

독서학교에서 주최했던 미네르바 독서 캠프, 온라인 독서 캠프 등의 캠프에 참여했었다. 온라인 독서 캠프는 방학 동안 여러 책을 읽고 줌으로 진행했던 캠프였다. 줌으로 해서 원주 말고도 서울이나 제주, 중국 친구들도 같이 캠프를 해서 재밌고 새로웠다. 하지만 교차질의식 토론을 준비할 때 카톡으로만 연락해야 해서 의사소통에 걸림돌이 있었던 것이 아쉬웠었다. 『랩으로 인문학 하기』는 평소에 딱히 관심이 없었던 랩에 대해서 좀 더 잘 알게 되었고 랩에 대해 관심도 많이 생겼다. 활동을 하면서 랩 가사도 써보고 다른 사람들의 랩을 들어봐서 재밌었다. 또 공기 정화 식물에 대한 강의도 들어서 공기 정화 식물의 종류나 원산지 등을 알 수 있는 등 새로운 걸 많이 알게 된 기회였다. 그래서 두 번째 캠프도 신청하고 싶었지만 일정이 맞지 않아 캠프 신청을 못 해서 아쉬웠다.

독서학교는 학교나 학원에서 많이 배우지 않는 토론의 방법을 배우고 토론할 수 있는 기회를 주는 곳이다. 또한 여러 가지 활동이나 캠프를 통해 다양한 경험을 할 수 있다. 또 책을 읽지 않거나 한 분야의 책만 읽는 사람들이라면 여러 분야의 책을 접할 수 있는 기회가 될 수 있을 것이다. 기회가 된다면 더 많은 사람들이 독서학교를 접해봤으면 좋겠다.

심채연 : 원주 반곡중학교 3학년

원주 독서학교 입학 동기

나는 원래 앞에 나서는 것을 좋아하지 않는 아이였다. 그러던 중 초등학교 5학년 때 지인의 추천으로 국내 독서 캠프를 가게 되었다. 처음으로 독서 토론을 접해본 자리였다. 당시 2박 3일 동안 팀을 이루어 팀원들과 토론을 하는 것은 생각보다 힘들고, 낯설고, 떨렸지만 한편으로 내 주장(생각)을 상대가 주의 깊게 들어주고, 내 주장을 보완해 나가는 과정이 재미있었다. 재미있었기에 열심히 했고 열심히 한 덕분에 처음으로 나간 토론 대회에서 상을 받게 되었다. 그 후 자신감이 생겨 캠프에서 뵙게 된 임영규 선생님의 원주 독서학교에 입학하게 되었다.

독서학교에서 배운 내용(기억나는 내용이나 일화)

처음 원주 독서학교에 들어왔을 때는 많이 부족했다. 이야기식 토론지를 쓰는 방법도 잘 몰랐고, 토론도 능숙하지 못해서 말을 더듬거나 조용히 있으려 하고, 실수도 많이 했던 것 같다. 그래서 당황스러운 질문도 척척 받아내던 토론 선배들이 대단해 보였다.

독서학교에 가려면 우선 대상 도서를 읽고 토론지를 써가야 한다. 나는 웬만하면 토론지를 써갔는데 임영규 선생님께서 하신 말씀이 계기가 되었다. 선생님께서는 독서학교를 오기 전 토론지 쓰는 것 또한 공부라고 하시면서 토론지를 안 써왔으면 오지 말라고 하셨는데 그 옳고, 단호하신 말이 내내 기억에 남았기 때문이다. 토론지를 쓰는 것보다 더 중요한 것은 직접 현장에서 자신의 의견을 말하는 것이다. 선생님께서는 우리들 모두 꼭 한 마디라도 할 수 있도록 해주셨다. 그러면서 토론을 배워나갔다.

독서학교에서는 인문, 과학, 역사, 환경 등등 다양한 도서와 교차질의식 토론, 이야기식 토론, 1대 100 토론을 하며 공부하였다. 가장 기억에 남았던 토론은 『왜 기후변화가 문제일까?』라는 책으로 한 교차질의식 토론이다. 이 책을 통해 '과학기술로 기후변화 문제를 해결할 수 있다.'라는 주제로 교차질의식 토론을 하게 되었다. 상대적으로 다른 토론 때보다 긴 시간 토론해서인지 더욱 기후변화의 심각함을 실감하고 감지할 수 있었다. 그 후 토론에서 그치지 않고, 따로 기후변화에 대해서 찾아보고 관심을 가지게 되었다.

독서학교의 첫 시작인 개강식은 매년 '원주시 한 도시 한 책 읽기' 도서를 이용한 토론으로 진행한다. 독서학교 학생들만 읽는 책이 아니라 원주시의 성인, 학생 모두 함께 읽는 책으로 토론한다는 점에서 뜻깊었다. 실제로 토론을 할 때 어른들, 다른 학생들이 모두 함께 토론하기 때문에 더욱 풍성한 토론으로 기억된다.

몇몇 사람들은 토론 하면 경쟁을 떠올릴 수 있지만 원주 독서학교에서는 토론은 경쟁이 아니라 대화 같다. 토론에서 공격적이고, 날카로운 질문보다는 자유로운 생각과 의견, 편안한 분위기가 더 어울린다. 대회에서도 마찬가지이다. 상대 팀의 주장을 꺾는 것보다 상대의 의견을 수용하는 자세가 더 중요하듯 이기기 위한 매너 없는 토론 진행은 옳지 않다. 이는 그동안 독서학교를 다니면서 깨달은 점이다.

독서학교에 계속 다닌 이유(좋았던 점)

 벌써 독서학교를 다닌 지 4년째이다. 내가 지금까지 독서학교에 계속 다녔던 이유 첫 번째는 다양한 분야의 책들을 꾸준하게 읽을 수 있었기 때문이다. 독서학교에 다니기 전에는 읽는 책 권수는 많았지만 대부분 이야기 위주의 두께도 얇은 소설책이었고, 다른 분야는 피해서 읽는 책 편식이 심했었다. 하지만 독서학교에 들어와서 다양한 분야의 책을 읽다 보니 이제는 소설책보다는 철학, 과학 등 예전에는 재미없다고 생각했던 책들을 더 찾아 읽는다. 중학생이 되고 나니 책을 시간 내서 읽지 않게 됐다. 하지만 독서학교에 다니는 덕분에 계속 꾸준하게 독서를 할 수 있어 좋았다.

 두 번째는 유일하게 독서 토론을 할 수 있는 곳이었기 때문이다. 학교에서도 수업 중 토론을 접하기 힘들다. 또한 일상생활에서 상대와 토론할 일은 별로 없다. 하지만 원주 독서학교에서는 특별히 토론을 할 수 있어 좋았다. 게다가 일반적인 토론이 아니라 독서를 이용한 토론이라 신기했던 기억이 난다.

각종 국내외 캠프 경험

 처음 독서 토론을 접했던 '인문학 독서 토론 아카데미'와 '대한민국 독서 토론·논술대회'를 참가한 적 있다. '대한민국 독서 토론·논술대회'는 원래 서울대학교에 모여 대면 토론을 하였지만 현재는 코로나 때문에 온라인으로 진행하고 있다. 직접 만나서 토론하지 못한다는 아쉬움도 있지만 이제는 2년 동안 이어온 온라인 토론 역시 대면 토론과 같은 현장감이 느껴진다. 전국의 학생들과 함께하는 토론은 매번 원주 독서학교 친구들과 할 때와 다르게 느낌이 새롭다. 훨씬 더 다양하고 창의적인 의견이 오고가며 예상치 못한 답변과 질문들이 나타나기도 한다. 그래서 그런지 대회를 참가한 후에는 생각의 폭이 넓어지는 느낌을 받는다. 이 대회에서는 독서 토론뿐만 아니라 독서 논술도 함께한다. 사실 나는 논술을 써본 경험이 별로 없었는데 이 대회를 통해 독서학교에서 논술 지도도 받고, 논술 실력을 더 성장시킬 수 있는 기회가 되었다.

자신의 진로 및 진로에 도움된 것이 있다면?

원주 독서학교를 다니면서 나의 진로에 관해 고민할 수 있는 시간이 많았다. 매년 독서학교에서는 진로 소논문 발표를 한다. 자신의 진로나 관심 있는 분야를 연관시켜 소논문을 쓴다. 스스로 자료를 찾아보고, 직접 학생들을 설문 조사하여 통계도 낸다. 진로를 국어 선생님으로 정하고 그동안 선행학습, 미래에너지, 사교육을 키워드로 하여 발표하였는데 보통 토론지를 작성할 때보다 자신이 더 관심 있는 주제로 직접 조사하다 보니 오래도록 기억에 남고, 효과적인 교육방법에 대해서도 생각해 보았다. 진로 소논문 작성과 더불어 독서학교에서는 진로 관련 도서로 토론을 하거나 틈틈이 선생님께서 학생들에게 진로 현황에 대해 물어보셔서 항상 진로에 대한 고민을 할 수 있었다.

한번은 독서학교에서 『소녀, 적정기술을 탐하다』라는 책으로 토론한 적이 있다. (적정기술이란 기술이 사용될 해당 지역의 환경을 고려해 삶의 질을 향상시키는 것을 말한다. 즉 소외된 90%를 위한 기술이다.) 토론을 마치고, 나의 진로를 이용해 소외된 사람들에게 무엇을 해줄 수 있는지 생각해 보았다. 내 진로가 중·고등 국어 선생님임을 고려했을 때, 비록 물질적인 기술을 만들지는 못하더라도 세계에서 교육을 받지 못하는 소외된 사람들을 위한 교육자가 되고 싶다고 생각하였다. 독서학교에서는 어떤 종류의 직업인지보다는 '어려운 상황에도 환자를 포기하지 않는' 의사, '사람들에게 정의롭고, 정직한' 변호사처럼 그 직업의 앞에 붙는 수식어 내용을 중요시 하였다. 덕분에 진로가 미래에 생계를 위한 수단이 아닌 이루고 싶은 목표처럼 다가왔다.

원주 독서학교 소개 및 기타 하고 싶은 말

요즘은 어린아이도 책보다는 스마트폰을 먼저 잡는 시대인 것 같다. 그럼에도 독서를 좋아하고, 자신의 생각을 뽐낼 수 있는 학생들이 원주 독서학교에 많이 들어와 주었으면 좋겠다.

한마디로 독서학교를 표현하자면 원주 독서학교는 '나의 제2의 학교'이다. 매주 다녔던 그 장소는 친숙한 학교처럼 느껴졌고, 매주 보던 독서학교 친구들은 반가운 반 친구들 같았다. 앞으로 원주 독서학교에 다니게 될 학생들도 이렇게 독서학교를 생각해 주었으면 좋겠다. 독서 토론을 하고 싶다면 이곳, 원주 독서학교에 와라!

이강현 멘토 / 대학 2학년

원주 독서학교 입학 동기

진광중학교에 진학하여 임영규 선생님께서 지도교사로 활동하고 계신 교내 도서부에 가입했습니다. 교내에서 진행되는 각종 독서 활동에 열심히 참여하다 보니 좀 더 다양한 유형의 사람들과 깊이 있는 대화를 나누고 싶어졌고 방법을 찾던 중 원주 독서학교라는 곳이 있다는 사실을 접했습니다.

주말에 관내 여러 학교의 선후배들이 모여 국어 선생님들의 가르침 아래 독서 토론/논술 활동을 할 수 있다는 사실은 정말 매력적인 것이었습니다. 당시 중학교에 갓 입학하여 다른 사람들 앞에서 말하는 것을 두려워하던 학생은 그렇게 독서 토론에 빠지게 됩니다.

단순 공부만 잘하는 소위 범생이들이 아닌 전반적인 학교생활에서 뛰어남을 보이는 선배들을 보며 저 또한 누군가에게 멋진 사람이 되고 싶다는 막연한 꿈을 가졌습니다. 아무것도 모르던 어린 학생은 타인과 다른 주장과 근거를 바탕으로 논박을 한다는 것이 두려웠지만 멋진 선배들 앞에서 나만의 발제 시간을 가질 수 있다는 것이 소중했습니다.

독서학교에서 배운 내용(기억나는 내용이나 일화)

어릴 적 긴장을 하거나 심적으로 위축되는 상황에서 말끝을 흐리는 습관이 있었습니다. 주말에 다른 학생들과 토론을 마친 후 피드백 시간에 선생님께서 해주셨던 조언 덕분에 악습관을 고칠 수 있었습니다. 그때 선생님께서는 "죄를 지은 것도 아닌데 왜 말끝을 흐리는 것이냐. 너 자신이 주장에 확신을 갖지 못한 채로 말을 하면 그 누구도 너의 주장을 받아들일 수 없다."라는 말을 해주셨습니다.

  더불어 제 생각을 표현할 때, '~한 것 같다'라는 가정법을 쓰는 버릇도 고쳤습니다. 토론자 본인이 생각의 주체이며 타인의 주장을 대변하는 것이 아니기에 가정법보다는 확실한 끝맺음을 하는 것이 옳다는 사실을 배웠습니다. 찬성과 반대가 확실히 나뉘는 교차질의식 토론을 할 때, 토론자가 본인의 주장에 믿음이 없다면 반론과 재반론 단계에서 무너져 내릴 수 있음을 깨달았습니다.

  마지막으로 논거를 찾는 효과적인 방법에 대해서 배웠습니다. 학생들에게 가장 친숙한 도서이자 국가에서 학생들을 위해 제작한 교과서 활용법을 새로이 알았습니다. 인터넷과 관련 도서에서 논거들을 탐색했지만 중학생 수준에서 교수들의 논문 같은 어려운 내용을 깊이 있게 이해하는 것은 불가능했습니다. 이른바 겉멋에 빠져 양측 토론자 모두가 받아들이지 못하는 어색한 근거를 내미는 실수를 범했던 기억이 있습니다. 하지만 함께 토론을 배우던 선배가 교과서를 적극적으로 활용하는 모습을 보여주며 많은 배움을 얻었습니다. 학생 수준에서 양측 토론자가 이해하기 쉽고, 내면화하기 좋은 근거는 연령대에 가장 친숙한 고과서라는 사실을 새롭게 알아갔습니다.

독서학교에 계속 다닌 이유(좋았던 점)

  철없던 시절 주말에는 아무 생각 없이 평범한 친구들처럼 놀러 다니고 싶었던 적도 있었습니다. 하지만 약 4, 5년 동안 꾸준히 독서학교에 출석할 수 있었던 이유는 다양한 유형의 또래 학생들과 깊이 있는 토론을 할 수 있는 환경이 원주 독서학교밖에 없었기 때문입니다. 물론 교내 도서부, 독서 토론 동아리에서도 충분한 준비만 이루어진다면 수준 높은 토론을 진행할 수 있습니다. 다만 남자 중학교, 여자 중학교처럼 성별로 학생들을 구분해 놓아 다른 성별의 학생들을 접할 기회가 없다거나 혹은 교내에 독서 토론을 전담하여 가르쳐 주시는 선생님이 부재하시는 등 다양한 제약이 존재합니다.

학생들이 그러한 환경에 아쉬움을 느끼고 자발적으로 모여든 곳이 주말 독서학교였습니다. 학생들의 열정이 가득했으므로 과제도 열심히 수행해 왔고 다른 학생들의 면학 분위기에 해를 끼치는 경우도 없었습니다. 모두가 독서에 깊은 애정을 가지고 최선을 다해 배워나가는 분위기가 사춘기 시절의 저에게 긍정적인 영향을 끼쳤습니다.

각종 국내외 캠프 경험

2015 유럽 4개국 인문학 원정대 (참가 학생)

중학교 2학년에서 3학년으로 올라가는 겨울방학 때 생전 처음으로 부모님과 떨어져 먼 유럽까지 가는 기회를 얻었습니다. 독일, 오스트리아, 영국, 프랑스 총 4개국을 탐방하는 9박 10일의 짧다면 짧고 길다면 길 수 있는 재미난 여정이었습니다. 평소 독서학교에서 만나는 익숙한 얼굴들이 아닌 전국에서 모인 학생들과 독서 토론을 중심으로 유럽을 여행하는 것은 정말 색다른 경험이었습니다. 단순히 해외에 가서 사진을 찍고 맛있는 것을 먹는 여행이 아닌 모든 일정이 책을 중심으로 돌아가는 신기한 여행이었습니다. 심지어는 프랑스로 가는 테제베 열차 안에서도 책을 펴고 토론을 했으며 모든 일정의 마무리는 독서 토론이 장식했습니다. 중학생들이 아무도 시키지 않았음에도 해외 호텔 방에 삼삼오오 모여 토론지를 작성한다고 밤을 꼬박 새운 경험은 정말 짜릿했습니다.

2016 제14회 독서대회 수상자 상해 캠프 (참가 학생)

유럽에 다녀온 지 1년쯤 되었을 즈음 전국 독서대회에 입상하게 되어 참가 자격을 얻었고 생전 처음 중국을 경험할 수 있었습니다. 대한민국 임시정부가 있었고 세계적으로 유명한 거대 도시 상해를 간다는 사실에 얼마나 가슴이 떨렸는지 모릅니다. 일전에 유럽을 갔을 때는 비행기 타는 것도 무서웠던 저였지만 이때는 당당하고 의젓한 모습으로 떠났습니다. 수상자 캠프였기에 고등학생 선배들도 함께 갔으며 비슷한 연령대의 선후배들만 봐왔던 저에게 좀 더 큰 세상을 경험할 수 있게 해주었습니다. 매일 밤마다 펼쳐지는 열띤 토론의 장의 열기는 캠프 내내 식지 않았던 것으로 기억하고 있습니다.

2016 제15회 독서대회 수상자 북경 캠프 (참가 학생)

14회 독서대회 수상자 캠프를 다녀오고 정확히 반년 정도 지났을 무렵 15회 독서대회 수상자 캠프는 여름에 떠나는 것으로 확정되었습니다. 상해를 다녀온 후 1년 정도 기다려야 기회가 생길 줄로만 생각했던 저에게 가뭄의 단비와도 같은 희소식이었습니다. 이 대회에서 학교 친구들과 함께 최선을 다해 갈고닦은 토론/논술 능력을 펼쳐 보이자고 다짐했었습니다. 그렇게 고등학교 1학년 3명으로 이루어진 원주고등학교 새내기 토론팀은 대상이라는 영광을 얻어 중국의 수도인 북경으로 향했습니다. 이 여정에서 가장 기억에 남는 것은 대한민국 학생들 최초로 주 중국 대한민국 대사관을 견학한 프로그램입니다. 우스갯소리로 강원도 감자로 불리던 제가 대한민국을 대표하는 대사관에 들어설 때의 기분은 정말 남달랐습니다. 이때 만나 뵈었던 외교관들의 모습이 너무나 멋있어 잠시 장래 희망이 바뀌기도 했습니다. 반년 동안 하루도 거르지 않고 준비했던 대회를 최고의 결과를 얻어 떠났던 여행이었기에 정말 기뻤고 친구들과의 돈독한 우정도 쌓을 수 있었습니다.

졸업 후 멘토로 참여한 소감

2019 제27기 국내 인문학 독서 토론 아카데미 (대학생 멘토)
2019 제19회 독서대회 수상자 라오스 캠프 (대학생 멘토)

위의 국내외 아카데미를 포함하여 주말 독서학교에 대학생 멘토로 활동하며 가르침을 받던 학생 때와는 다른 소중한 경험을 했습니다. 선생님이라는 직업에 매력을 느끼고 관련 학과로 진학한 후 참여했던 활동들이었기에 전공 적합성을 기르고 많은 경험을 쌓는 기회였습니다. 이 경험을 통해 독서 토론에 대한 애정을 극대화했습니다. 최선을 다해 수업 준비를 해

오는 학생들의 모습을 보며 성인이 된 후 이따금 나태해지던 마음을 다잡기도 했습니다. 전국에 계신 수많은 선생님들께서 봉사해 주셨기에 지금의 제가 있듯 앞으로도 스승의 은혜를 조금씩이나마 갚아나가고 싶습니다.

원주 독서학교 소개 및 기타 하고 싶은 말

원주 독서학교는 오랜 역사와 전통을 가지고 있는 독서 토론 학교입니다. 현직 학교 선생님들과 독서학교 출신 대학생 멘토들의 봉사로 양질의 수업이 이루어지고 있습니다. 선생님들께서 휴일에도 학생들을 가르치고 계신 모습들을 보면서 몇 년 후에 저렇게 열정적인 선생님이 되겠다고 수없이 다짐하곤 합니다. 비록 지금은 미숙한 예비 교사지만 끊임없이 정진하여 전국에 독서의 새물결을 일으키는 교육자로서 당당히 활동할 수 있도록 하겠습니다. 감사합니다.

학부모가 지켜본 독서학교 이야기

정주현(원주삼육중학교 3학년) 어머님

자녀를 원주 독서학교에 보내신 동기

책 읽는 것을 좋아하는 아이에게 무엇을 해주면 좋을까 고민하던 찰나 지인을 통해 인문학 수업을 알게 되었습니다. 독서 토론이라는 것이 낯설었지만 같은 책을 읽은 아이들이 각자의 생각이나 느낌을 공유할 수 있다는 것이 매우 흥미로웠습니다. 학습적 목표로 독서학교에 참여한 것이 아니기에 아이 역시 부담감 없이 즐겁게 참여할 수 있었습니다.

자녀가 독서학교에서 어떻게 성장하였나요?

책을 읽고 지식과 간접 경험을 쌓아두기만 했던 아이가 토론을 통해 자신의 사고를 표현하는 아이로 성장하였습니다. 독서학교의 꽃인 독서 토론대회를 출전하며 그 어디에서 배울 수 없는 경험과 성장을 하였습니다. 단체전 출전 때는 팀원의 특성을 파악하고 팀에 유리한 전략을 세우며 토론대회를 준비하였으며 개인전 때는 오롯이 자신에게 집중하고 몰입하는 능력을 키웠습니다.

독서학교에 계속 보내신 이유

독서학교를 다닌 지 어느새 3년이 되었습니다. 3년 동안 매주 금요일 토론지를 작성하고 토요일엔 수업에 참여했습니다. 그리고 터키문화캠프,

소논문 작성, 미네르바 캠프 참여, 토론대회 참여 등 스마트폰이나 온라인 게임만을 즐기는 친구들과는 비교할 수 없을 만큼 멋진 경험을 할 수 있었습니다.

독서학교에 계속 보내는 이유는 첫 번째도, 두 번째도 아이가 원하기 때문입니다. 작은아이가 초등학교 6학년 때 독서학교에 입학을 하고 이듬해 형이 중학교 2학년 때 입학을 하게 되었습니다. 두 아이 모두 독서학교 수업과 선생님을 참 좋아합니다.(토요일 늦잠을 이기는 걸 보면 선생님께서 대단한 매력을 가진 듯합니다.) 학교에서 만나는 친구들과 나누는 대화도 좋지만 인문학 수업에서 주제를 가지고 지적인 대화를 나누는 것에 대한 아이 스스로의 만족감이 큽니다. 아이들이 원하는데 안 보낼 이유가 없지요?

미네르바 온오프 캠프 소감

세상 어디에도 없는 명품 강좌입니다. 학교나 가정에서 가르쳐 주지 않는 것을 배울 수 있는 기회였습니다. 인문학 진로와 관련된 이야기로 여러 가지 고전들과의 철학적인 사고를 열 수 있는 수업을 할 수 있었습니다. 특히나 여러 강사님들의 다른 스타일의 수업을 통해 다양한 경험을 쌓을 수 있는 수업들이었습니다.

특히 플라톤의 국가론과 연암 박지원의 수업이 인상 깊었다고 합니다. 공부하느라 시간이 많이 없는 아이들에게 좋은 상식들과 깊은 사고를 일깨워 줄 수 있는 수업이었습니다.

자녀의 진로 및 진로에 도움이 된 것이 있다면?

독서학교에서는 해마다 소논문 작성을 합니다. 초등학교 6학년 겨울 아이가 경쟁선발시험에 응시할 일이 있었습니다. 그때 시험 문제 중 하나가 '자신의 자서전 목차를 작성하세요' 였습니다.

6학년 아이에게는 다소 낯선 질문이었을 것이라 생각합니다. 하지만 그 무렵 독서학교에서 소논문 작성을 하였지요. 그 덕에 아이는 응시하던 시험을 잘 치르고 합격까지 하게 되었습니다. 이뿐만 아니라 학교에서 아이가 국어 발표 수행평가를 할 때도 독서 토론을 하며 말을 많이 해본 것이 큰 도움이 되었습니다.

기타 하시고 싶은 말씀

많은 부모님들이 '우리아이는 책을 읽는 것을 좋아하지 않아요~'라며 독서학교의 장벽을 두려워하는 것 같습니다. 저는 책을 좋아하는 둘째를 먼저 보내고 책을 좋아하지 않는 큰아이를 후에 보냈습니다. 독서학교 활동을 1년 동안 온 가족이 지켜보았고 너무 좋았기 때문에 큰아이에게 한 달만 가보자 했습니다. 다녀보고 아이가 싫다고 하면 가지 않아도 좋다는 약속을 한 후죠.

저희 큰아이는 처음 수업 이후 자발적으로 책을 읽고 매주 토론지를 작성하였습니다. 토론은 경청을 하게 하고 폭넓게 사고하고 나와 다름을 인정하는 매우 성숙한 인간이 되어가는 활동이라고 생각합니다. 이 멋진 활동을 기성세대의 편견으로 아이들에게 기회조차 주어지지 못하는 것이 안

타깝습니다. 각박해지는 세상과 긍정적으로 소통하는 우리 아이들의 미래에 독서학교의 토론은 희망의 씨앗이라고 생각합니다.

독서새물결 미네르바 독서학교

2022 개정 교육과정은 디지털 전환, 기후환경 변화 및 학령인구 감소 등에 대응하여 미래 사회에 필요한 역량을 함양하고 학습자 맞춤형 교육을 강화할 수 있도록 미래 교육 비전의 정립과 수업 및 평가 개선을 포함하는 교육과정 체제 전환을 추진 배경으로 삼았습니다. 학습자의 성향에 따라 학생 스스로 진로를 설정하고 개척해 갈 수 있도록 학습자 삶과 연계한 학교 교육 혁신이 필요함을 강조한 것이지요. 지식·정보의 폭발적 증가에 따라 단편적 지식의 습득보다 학습한 내용을 삶의 맥락에서 적용하고 복잡한 문제를 해결하는 역량이 중요함을 인식한 교육과정입니다.

당면한 사회적 변화에 능동적으로 대응할 수 있도록 모든 학생의 소질과 적성을 바탕으로 미래 핵심 역량을 키우는 교육 혁신이 필요합니다. 그럼 이러한 과제를 어떻게 해결할 수 있을까요? 학생 개별 맞춤형 교육과정이 학교 현장에서 가능하기 위해서는 맞춤형 독서 교육과정 개발이 필요합니다. 나아가 학교 밖 학교, 마을 학교, 독서학교 등에 대한 인식을 개선하고 미래 교육 상황 변화에 적극적으로 대응해야 합니다.

2022 개정 교육과정의 핵심인 고교학점제 등이 학교 현장에 정착되기 위해서는 학교 밖 학교, 마을 학교, 독서학교, 진로학교 등 모든 교육기관 연계 학점제가 운영되어야 합니다. 교육 주체와 국민의 참여 증대를 요청

하는 2022 개정 교육과정의 정신을 적용하기 위해서는 학교 밖 학교, 마을 학교, 독서학교, 진로학교가 필요합니다. 지역 단위와 마을 단위의 교육과정이 디자인되고 운영되어야 합니다.

독서새물결 미네르바 독서학교는 10학년 개념의 학년을 기본 구조로 하되 무학년제로 학년을 운영합니다. 학년별 교육과정과 대상 도서를 학생이 자유롭게 선택하여 학습할 수 있습니다. 『소녀, 적정기술을 탐하다』에 제시된 이웃과 인류를 위한 진로 연계를 독서 교육을 통해 구체적으로 설계하고 준비할 수 있습니다.

새해를 맞아 우리 법인은 그동안 오래 준비해 왔던 미네르바 독서학교를 개교합니다. 행안부 지역 자산화 지원 사업으로 선정된 원주 우산동 사옥과 교육카페에서 미네르바 독서학교를 시작합니다. 2022 개정 교육과정의 정신을 넘어서서 개인별 맞춤병 독서 교육과정을 개발하고 10학년 수준의 학생 선택형 교육과정으로 운영합니다. 문학, 인문, 사회, 과학, 기타 이렇게 5개 영역의 인문학 동서양 고전을 선정하여 온/오프 미네르바 독서 토론 전문 대안학교를 개교합니다.

22년 동안 진행된 원주 독서학교가 미네르바 독서학교로 접목, 계승, 발전되는 것입니다. 원주 독서학교를 운영한 실제 경험과 20년 동안 개최한 대한민국 독서대회의 전문성과 온라인 독서 토론과 온라인 독서 논술 지도의 경험과 전문성으로 미래 지향 미네르바 독서학교를 시작합니다. 우리는 독서 전문 대안교육인 미네르바 독서학교를 위해 먼저 교육과정 개발을 위해 연구자를 모집하고 그들과 함께 대상 도서를 선정하고 수업설계도를 나누고 독서 교육과정을 협의하였습니다.

 이러한 연구 과정의 결실을 맺어 이제 개교 준비를 마치고 미네르바 독서학교를 시작합니다. 마을 독서학교와 연계되고 학교 밖 학교와 연계되며 마을 활동가가 참여하는 미래형 학교와 독서 교육의 모델이 될 것입니다.

 이러한 연구와 활동을 통해 2022 개정 교육과정의 방향이 현장에 적용되고 심화될 수 있을 것입니다. 고교학점제와 독서 교육 활동들이 학생들의 진로와 진학에 영향을 주어 행복한 미래 교육의 공간이 될 것입니다. 나아가 메타버스 학교로 발전하여 우리 다음세대가 독서 교육으로 우리나라를 새롭게 할 것으로 기대합니다.

 메타버스(META VERSE) 학교 들어보셨나요? 메타버스는 초월(beyond), 가상을 의미하는 meta와 세계를 의미하는 universe의 합성어로, 1992년 출간된 소설 『스노 크래시』 속 가상 세계 명칭인 '메타버스'에서 유래합니다. 현실을 디지털 세상으로 확장시키는 것. 쉽게 말해서 가상세계 속에서 정치, 경제, 사회, 문화 활동을 할 수 있게 만드는 시스템이며, 메타버스를 적용한 학교를 우리 미네르바 독서학교에 접목하고자 합니다.

 그런데 메타버스를 가상현실과 증강현실로 이해하는 것은 메타를 초월이라는 의미로만 이해하기 때문입니다. 헬라어의 메타는 '함께', '이후에'라는 뜻을 지닌 전치사로 사용됩니다. 즉 메타버스는 온라인 영역만을 가르키지 않습니다. 김현철 목사님은 『메타버스 교회학교』에서 메타버스는 눈에 보이면서 존재하는 오프라인의 아날로그 지구와 눈에 보이지 않으면서 가상으로 존재하는 온라인의 디지털 지구는 유기적이라 설명합니다. 그러므로 진정한 메타버스란 온라인과 오프라인, 아날로그 지구와 디지털 지구가 연결된 개념이라고 강조합니다. 우리 법인 미네르바 독서학교의 성격을 어찌 그리 잘 아시고 미리 설명하신 듯하여 매우 반갑게 읽었습니다.

그중, '거인의 어깨 위에서 보라.'는 내용이 눈에 들어오네요. 뉴턴이 이룬 성과는 순전히 자기의 노력만으로 만들어진 것이 아니지요. 앞선 사람들의 발견과 경험을 배우고 익혀서 가능한 일이었습니다. 무엇을 통해 가능했을까요? 그렇지요, 독서는 고인과 만날 수 있고, 미래와도 대화가 가능하지요.

현실 세계와 같은 사회, 경제, 문화 활동이 이뤄지는 3차원 가상 세계 속에서 독서 토론을 어떻게 흥미롭게 진행할 수 있을까요? 증강현실, 가상현실, 거울세계, 라이프로깅이 궁금하시지요? 로블록스(ROBLOX), 제페토(ZEPETO), 게더타운(Gather town), 이프랜드(ifland)의 메타버스 플랫폼도 아시나요? 미네르바 독서학교에서 메타버스를 타고 독서 토론도 신나게 해보려고 합니다.

원주 독서학교에서는 주로 제가 책을 선정하지만 학생들과 함께 책을 고르기도 합니다. 그리고 학생과 함께 고른 책이 대박을 치는 경우가 종종 있습니다. 그래서 최근에는 학생들과 함께 책을 선정하곤 합니다.

좀 오래된 이야기입니다. 우리 학교 재학 중인 학생 한 명이 한 번은 "선생님, 다음번엔 이 책으로 토론 한번 해보면 안 될까요?" 하고 묻더군요. "무슨 책인데?" 하니 장하준 교수의 『나쁜 사마리아인들』을 읽고 싶다고 하네요. 사실 그때까지 저도 읽지 못한 책이어서 선뜻 그러자고 하지는 못했지만 이번 기회에 저도 읽고 싶어서 그러자고 했습니다.

그러면서 "○○야, 너는 훗날 정치가가 된다 하였는데, 그건 경제학 책 아니니?" 하고 물으니, "선생님 그렇습니다. 저는 훗날 훌륭한 정치가가 되고 싶습니다. 그래서 먼저 경제를 알아야 지금처럼 욕먹지 않는 훌륭한 정치가가 될 수 있을 것 같아서요." 하고 당당히 얘기하더군요. 청출어람이라, 그 학생은 저보다 나은 사고 구조를 지니고 주말 인문학 독서학교에서 공부하고 있었습니다.

우린 ○○가 요청한 『나쁜 사마리아인들』을 읽고 늘 하던 것처럼 한 주는 이야기식 독서 토론, 한 주는 교차질의식 독서 토론으로 토론을 진행했습니다. 조금 어려웠지만 우린 보호구역이 무엇이고 자유경제가 무엇인지 어느 정도 알 수가 있었습니다. 세계 경제 속의 미국의 역할과 미국의 오만도 이야기할 수 있었습니다. 우리나라 경제의 열악한 현실과 우리 국민이 잘사는 경제에 대해서도 진지하게 토론해 보기도 했습니다.

며칠 후 언론을 통해 우리가 재미있게 읽고 신나게 토론한 『나쁜 사마리아인들』이 나쁜 책이라고 하는 기사를 보았습니다. 국방부 금서로 선정되었다는 기사였지요. 우린 가슴을 쓸어내렸지요. 금서 발표 전에 그 책을 읽고 토론했었으니 누가 잡아가지는 않았지요.

이 친구는 그 후 민사고에 진학하였고, 민사고 재학 중에도 매년 우리 독서대회에 참여하였습니다. 그 후 영국 옥스퍼드와 미국 모 대학에 합격한 후 미국 모 대학으로 진학했습니다.

일전에 10년 전에 국방부가 지정한 불온 도서에 올랐던 영국 케임브리지 대학 장하준 교수의 책 『나쁜 사마리아인들』 특별판이 나오고 기자 간담회를 하는 소식도 보았습니다. 출간 직후 신자유주의적 세계화의 위험성을 경고한 대중 경제서로 큰 인기를 끌었지요. 국방부는 반미, 반자본주의를 주장하는 도서로 낙인찍었지만, 불과 2개월 뒤 세계 금융 위기가 발생하면서 책의 경고가 현실로 나타났습니다. 10년이 지난 오늘날의 상황은 어떨까요? 장하준 교수는 특별판 서문에서 한국 역시 신자유주의 희생자로 후유증에 시달리고 있다고 단언하면서 보다 획기적인 정책 변화를 촉구합니다.

아이들과 함께 책을 고르는 즐거움과 아이들이 성장하는 모습 속에 새로운 사명감을 느낍니다.

우리 독서학교가 조금씩 알려지면서 우리 학교에 입학하고자 하는 학생이 있겠지요? 정확히 말하면 입학시키고자 하는 부모님이 계시는 거지요. 그래서 저는 우리 독서학교에 입학하고자 하면 자기소개서를 받고, 먼저 학생의 부모님부터 면담하였습니다.

"왜 우리 학교에 입학시키고자 하시나요?"

여쭈어 봅니다.

"우리 아이가 말을 잘 못 해서요. 말 좀 잘하게 하고 싶고, 토론도 잘하게 하고 싶어서요."

이렇게 솔직하게 말씀하십니다. 그러면 토론은 말 잘하는 것을 가르치는 것이 아니라 잘 듣는 것부터 가르친다고 안내해 드렸지요. 이 말에 공감하는 분들의 아이들을 면담하여 입학을 허락하였습니다. 아이들이 엄마 등쌀에 나온 경우는 금방 표가 납니다. 그래서 아이들에게 힘들면 다음 주엔 나오지 말라고 얘기하지요. 이 말을 들은 아이들 중에 그다음에도 나오는 아이들은 계속 나올 아이들이고요. 그 아이들을 잘 지도하면 성장하는 모습이 느껴질 정도로 예쁘게 성장합니다.

원주 독서학교의 도서 선정과 교육 철학, 그리고 법인의 전문성과 실전 현장 경험을 바탕으로 미네르바 독서학교의 교육과정을 함께 만들어 가고 있습니다. 그동안 저와 학생들이 정하던 독서학교 대상 도서 선정 작업이 미네르바 독서학교에서는 법인의 전문 연구 교사가 함께 참여하여 양질의 교육과정을 개발하였습니다.

10학년 개념으로 개발한 미네르바 독서학교의 교육과정을 요약해 드립니다. 혹시 활용하실 때는 출처를 밝혀주시면 감사하겠습니다.

미네르바 독서학교 교육과정 개발의 방향은 아래와 같습니다.

첫째, 미네르바 독서학교는 독서 교육 전문 주말 온/오프 대안학교로 운영합니다.

둘째, 수업 방법은 이야기식 및 독서새물결 독서 토론 중심의 창의력 증진 프로그램으로 기획하여, 학년별 담임 교사제를 통한 책임제 전문 프로그램으로 운영합니다.

셋째, 대상 도서는 동서양 고전 중심 도서로 선정하며, 재미있고 토론하기 좋은 책으로 선정합니다.

  넷째, 10학년 기준 무학년제 학생 선택형 맞춤형 교육과정으로 운영하며, 5개월 동안 5개 영역을 온라인으로 운영하고, 학기당 2회 오프라인 캠프를 운영합니다.

  다섯째, 해외 학생 포함 전국 단위로 학생들 모집하여 전국 각지의 학생들과 독서 토론을 실시합니다. 3학년부터 8학년까지는 2주당 1권, 9학년부터 10학년까지는 4주당 1권 읽기 운동을 전개합니다.

미네르바 독서학교 개교 및 교육과정(도서) 운영 계획

3학년 교육과정

학년	영역	선정 도서	교육과정 성취기준	도서 소개	선정 이유
3	문학	**소리 질러, 운동장** (진형민/창비)	[6도02-02] 다양한 갈등을 평화적으로 해결하는 것의 중요성과 방법을 알고, 평화적으로 갈등을 해결하려는 의지를 기른다.	운동장에서 뛰어노는 아이들의 이야기 속에 아이, 진지, 평등 등의 소중한 가치를 배울 수 있다. 불의와 부정에 맞서는 행복한 사회를 꿈꾸며 운동장에서 행복한 사회를 만들어 가는 아이들의 모습이 감동적이다.	다수의 횡포에 맞서는 연약한 아이들이 협상을 통해 슬기롭게 문제를 해결하는 과정을 통해 공동체의 질서를 배울 수 있고, 소통과 공감으로 삶과 인문학의 기초를 다질 수 있다.
		고슴도치 아이 (카타지나 코토프스카/보림)	[국05-03] 이야기의 흐름을 파악하여 이어질 내용을 상상한다. [4국01-03] 원인과 결과의 관계를 고려하며 듣고 말한다.	입양에 대한 건강한 가치관을 심어 주는 책으로 사랑과 사람의 만남이라는 측에 초점을 맞추고 입양 문제에 다가간다. 입양을 하게 되는 부모의 차지한 마음, 만남, 그리고 부모와 아이가 한 가족이 되어 가는 과정을 미화나 과장 없이 진솔하게 드러낸다.	한 개인이 가지고 있는 다양한 감정들을 혼자 해결하지 못하고 관계를 통해 해결된다. 이러한 '관계'. 그리고 '상호작용'에 대한 고민을 해 보는 계기가 될 것이다.
	인문	**폭력이란 무엇일까요?** (오스카 브르니피에/상수리)	[6도01-01] 감정과 욕구를 조절하지 못해 나타날 수 있는 결과를 도덕적으로 상상해 보고, 올바르게 자신의 감정을 조절하고 표현할 수 있는 방법을 습관화한다.	어린이를 위한 오스카 브르니피에 부시의 『철학하는 어린이』 시리즈 열 번째 책! 화내지 않고 화를 다스릴 수 있는 다양한 방법들에 대해 생각해 보고, 폭력을 이해하고 어떻게 화를 표현해야 하는지 스스로 생각해 볼 수 있는 책이다. 세상에 대한 호기심에서 나온 어린이들의 질문에 대답해주면서 어린이 스스로 질문에 대한 답을 찾아갈 수 있다.	화를 잘 내고 짜증을 많이 내는 어린이들이 많다. 심지어 폭력적인 언어와 행동으로 다른 사람에게 불편함을 주는 경우도 있다. 이 책은 폭력에 대해 바로 알고 폭력으로부터 자신을 보호할 수 있는 방법을 찾을 수 있도록 안내한다. 나아가 감정을 다스리는 자신만의 방법을 알아보고자 한다.

학년	영역	선정 도서	교육과정 성취기준	도서 소개	선정 이유
3	인문	시리아의 눈물 (노경실/담푸스)	[4국05-02] 인물, 사건, 배경에 주목하며 작품을 이해한다. [4도03-03] 남북 분단 과정과 민족의 아픔을 통해 통일의 필요성을 알고, 통일에 대한 관심과 통일 의지를 기른다.	어느 날 시작된 전쟁으로 앞마당에서 꽃과 작은 나무를 기르는 '꽃 천사' 바람, 사이좋은 형제 하임과, 엄마와 동생을 보살피는 듬직한 누르의 행복했던 전쟁을 통해 잔혹함을 알고 가는 동정인물을 통해 전쟁이 잔혹함을 알고 가는 과정에서도 희망을 찾아 노력하는 모습을 배울 수 있다.	전쟁은 사람들의 목숨만 앗아 가는 게 아니고 사람들이 살아가는 모든 환경을 파괴한다. 내전으로 고통을 받고 있는 시리아의 현실을 알고 평화의 중요성을 일깨우고자 한다.
3	인문	공자 아저씨네 빵가게 (김선희/주니어김영사)	[4국01-06] 예의를 지키며 듣고 말하는 태도를 지닌다. [4도02-02] 친구의 소중함을 알고 친구와 사이좋게 지내며, 서로의 입장을 이해하고 인정한다.	이 책에는 빵집 주인으로 변신한 공자 이자씨가 등장한다. 빵집 아저씨는 주인공 환희가 하고 싶은 때문에 고민할 때, 또는 친구와 싸워 고민할 때도 환희가 긍정적이고 바른 인성을 갖도록 도와준다. 이 책을 읽으면서 어린이들도 자연스레 인문학적 소양을 기를 수 있다.	공자와 제자들이 문답을 적은 『논어』를 바탕으로 쓴 책이다. 이 책을 통해 남을 이해하고 배려하는 마음을 배울 수 있다. 또 살아가면서 겪게 될 문제들을 스스로 해결하는 힘을 길러 주고자 한다.
3	사회	나무 도령 (송아주/도토리숲)	[6도01-03] 정직의 의미와 정직하게 살아가는 것의 중요성을 탐구하고, 정직과 관련된 갈등 상황에서 정직하게 판단하고 실천하는 방법을 익힌다. [6도05-06] 작품에서 얻은 깨달음을 바탕으로 하여 바람직한 삶의 가치를 내면화하는 태도를 지닌다.	인류의 시조가 된 나무 도령 이야기. 우리나라에서 흔치 않은 홍수 설화이면서 사람이 가지고 있는 선과 악, 착한 마음과 나쁜 마음이 어디서 있는지 기원을 이야기한다. 주인공의 어려움을 겪고 극복해 가는 과정을 통해 나의 생활을 반추해 볼 수 있고, 선과 악의 경계에서 정직하게 판단하고 실천하는 바람직한 태도를 생각해 볼 수 있다.	나무 도령은 현재 우리 삶이 방향과 방법에 대해서 값진 깨달음을 선물해 준다. 나무 도령과 사내 아이를 통해 인간의 두 가지 속성, 선과 악의 기원에 대해서 알아보고 나아가 내 안의 착한 마음과 나쁜 마음을 돌아보는 계기를 마련하고자 한다.

학년	영역	선정 도서	교육과정 성취기준	도서 소개	선정 이유
3	과학	나의 탄소발자국은 몇 kg일까? (롤메이슨/다림)	[4도04-01] 생명의 소중함을 이해하고 인간 생명과 환경 문제에 관심을 가지며 인간 생명과 자연을 보호하려는 태도를 가진다. [6과13-03] 전기를 절약하고 안전하게 사용하는 방법을 토의할 수 있다.	우리가 살아가는 지구에 지진 등이 환경 재앙을 부르는 지구 온난화의 원인을 설명해 주면서 그를 막기 위해서는 탄소발자국을 줄여야 함을 일깨워 준다. 탄소발자국을 줄이는데 필요한 작은 실천을 일러주며, 환경에 해로운 탄소 발자국을 만들어 내는 잘못된 습관을 바로 잡을 수 있도록 안내해 준다.	탄소발자국은 우리가 일상적으로 쓰는 연료, 물건, 식품 등 모든 것이 생겨날 때부터 버려질 때까지 직간접적으로 발생하는 이산화탄소의 양을 말한다. 한 사람이 생활 속에서 탄소 배출에 대해 신경 쓰고 탄소 발생을 줄이기 위한 노력이 뒷받침되어야 탄소중립의 시대를 앞당길 수 있을 것이다.
		원숭이가 없으면 초콜릿도 없다!? (멜리사 스튜어트, 앨런 영/스콜라)	[4과13-01] 씨가 싹트거나 자라는데 필요한 조건을 설명할 수 있다. [6국02-03] 글을 읽고 글쓴이가 말하고자 하는 주장이나 주제를 파악한다.	딱딱하게 여겨질 수 있는 과학 정보를 '~가 없으면 ~도 없다.'는 기발한 설정을 바탕으로 근거리에 설명해 준다. 아이들에게 매우 매력적인 딱정벌레인 초콜릿을 통해 식물의 한살이와 구조와 기능, 열매 우림 환경, 생명에 관한 이야기가 섬세한 그림과 함께 흥미진진하게 펼쳐진다. 동물들의 공생을 배우고 나아가 더불어 사는 사람의 도늘을 생각해 볼 수 있다.	'~가 없으면 ~도 없다.'는 기발한 설정을 바탕으로 키우오 너무없이 잘먹여주가 없으면, 구더기가 없으면, 도마뱀이 없으면, 원숭이가 없으면 어떻게 되는지, 이러한 설정에 대해 묻답하면서 식물의 한살이를 알아보고, 동물의 공생, 열대 우림의 환경, 나아가 인간과 자연이 어떻게 더불어 살아가야 하는지를 생각해 보게 한다.
	기타	강치야, 독도 강치야! (김일광/봄봄)	[4국02-04] 글을 읽고 사실과 의견을 구별한다. [4도04-01] 생명의 소중함을 이해하고 인간 생명과 환경 문제에 관심을 가지며 인간 생명과 자연을 보호하려는 태도를 가진다.	강치는 독도를 중심으로 동해에 살았던 바다사자 종류이다. 일제강점기에 가죽과 기름, 고기를 노린 일본 어업화사의 무차별한 사냥으로 멸종 상태에 이르렀다. 광복이 된 후에도 사람들의 관심에 보호를 받지 못해 1970년대에 사라 버렸다. 실제 사건을 바탕으로 한 『강치야, 독도 강치야』는 우리의 무관심 때문에 희생된 안타까운 생명, 강치들의 이야기를 담고 있다.	생태학적으로 독도의 소중함을 알게 하고 싶다. 또한 열종위기에 동식물에 대하여 관심을 가지며 지속가능한 지구를 위해 개인이 해야 할 일에 대하여 생각해 보게 하는 계기를 갖도록 이끌고자 한다.

학년	영역	선정 도서	교육과정 성취기준	도서 소개	선정 이유
3	기타	진짜 도둑 (윌리엄 스타이그/비룡소)	[4국05-03] 이야기의 흐름을 파악하여 이어질 내용을 상상하고 표현한다. [4도02-02] 친구의 소중함을 알고 친구와 사이좋게 지내며, 서로의 입장을 이해하고 인정한다.	왕실 보물 창고에서 벌어진 도난 사건을 둘러싼 한바탕 소동을 다룬 우화이다. 도둑으로 몰려 곤경을 겪는 거위 가윈과 보물을 훔친 후 자책감에 시달리는 진짜 도둑 데릭, 마침내 앞장서 참된 우화와 평화가 깃드는 이야기를 통해 참된 우정이란 무엇인지, 진정한 행복은 어떻게 찾아오는지 보여준다. 삶에 대한 깊은 통찰과 따뜻한 감동을 주는 우화이다.	누구나 실수할 수 있고 억울한 일을 겪을 수 있다. 우리 모두 완벽할 수 없음을 알고 조금 더 현명하게 주위 사람들과 관계를 맺고 참된 우정이란 무엇인지, 어떻게 용서하고, 잘못된 일을 되돌릴 수 있는지, 믿음은 어떻게 쌓이는지 알아보고자 한다.

4학년 교육과정

학년	영역	선정 도서	교육과정 성취기준	도서 소개	선정 이유
4	문학	기호 3번 안석뽕 (진형민/창비)	[6도03-02] 공정함의 의미와 공정한 사회의 필요성을 이해하고, 일상생활에서 공정하게 생활하려는 실천의지를 기른다. [6사05-04] 민주적 의사 결정 원리(다수결, 대화와 타협, 소수 의견 존중 등)의 의미와 필요성을 이해하고, 이를 실제 생활 속에서 실천하는 자세를 지닌다.	전교 어린이 회장 선거운동을 하는 아이들의 모습을 통해 공정함에 대해 생각해 볼 수 있다. 소수의 의견도 대변하는 공익을 낼 수 있는 식탁을 통해 모든 사람은 존중받을 권리가 있고 서로 존중하며 사는 아름다운 세상을 만들 수 있음을 보여주는 감동적인 이야기이다.	민주주의 기본 원칙인 '다수결의 원칙'으로 인한 사회적 갈등에 대해 생각해보고 소외된 소수의 의견을 어떻게 수렴하여 함께 살아가는 사회를 만들 수 있는지 해결해 나가는 과정을 통해 민주시민으로서 생활 속에서 실천하는 자세를 배울 수 있다.

학년	영역	선정 도서	교육과정 성취기준	도서 소개	선정 이유
4	문학	뒷간 지키는 아이 (김해우/함께자람)	[6국05-02] 작품 속 세계와 현실 세계를 비교하며 작품을 감상한다. [6국05-06] 작품에서 얻은 깨달음을 바탕으로 하여 바람직한 삶의 가치를 내면화하는 태도를 지닌다.	배움의 열망을 가졌던 천한 신분의 굴례에 묶여 역울하게 사람도 살만한 삶을 사는 조선시대 노비 슬개를 통해 인권과 평등이 소중함을 일깨워 주는 이야기이다.	인물의 삶을 통해 조선의 시대적 배경을 이해하고 천한 신분인 노비의 삶과 양반의 삶을 비교하며 인간의 인권이 소중함을 느낄 수 있다.
		나는 나의 영웅 (최은영/함께자람)	[4국05-02] 인물, 사건, 배경에 주목하며 작품을 이해한다. [6국01-07] 상대가 처한 상황을 이해하고 공감하며 듣는 태도를 지닌다.	역사에 남을 만큼 훌륭한 일을 해야만 영웅일까? 아빠가 어려움에 처한 사람들 돕다가 훌쩍 세상을 떠나 버린 이후, 힘겹게 살아가는 준우. 건물 주인 아들이 일반이 괴롭하지만 맞설 수도 없다. 한편 반쪽 한국인이라는 놀림 속에서도 비굴해지지 않고 친구를 도와주는 아이들 통해 '영웅'이었던 아빠의 마음을 되새긴다.	영웅은 멀리 있지 않다. 텔레비전이나 영화에만 등장하는 것이 아니라 어쩌면 우리 모두가 영웅일지도 모른다. 영웅이 되기 위해서는 먼저 자신을 사랑하고 당당해져야 한다. 어린이들이 자존감 향상과 나아가 이 사회의 진정한 영웅이 되어 우리 모두가 아름다운 세상을 함께 만드는 길을 고민해 보고자 한다.
	인문	묻고 답하면서 배우는 정의수업 (김숙분/가문비어린이)	[6도02-02] 다양한 갈등을 평화적으로 해결하는 것의 중요성과 방법을 알고, 평화적으로 갈등을 해결하려는 의지를 기른다. [6도03-02] 공정함의 의미와 공정한 사회의 필요성을 이해하고, 일상생활에서 공정하게 생활하려는 실천의지를 기른다.	그 옛날 소크라테스가 제자들을 문답법으로 가르쳤던 것처럼 방과 후 수업 시간, 새로 오신 소크라테스 선생님은 어린이들과 정의에 대해 묻고 답하며 수업을 진행한다. 선생님은 재미있는 이야기를 들려주며 생각을 열 수 있도록 돕는다. 이야기 속에서 어린이들이 정의의 의미를 찾아내고 다시 열면 토론의 장을 이야기는 내용이다.	이 책에서는 정의를 여러 가지로 설명한다. 정의라는 개념을 바탕으로 만나는 역사 속 인물들과 사상가들의 이야기를 통해 정의를 실천하며 살아가는 방법에 대해 생각해볼 수 있다. 정의란 무엇인가? 정의는 어디에 있는가? 실어 있게 토론해 보고자 한다.

학년	영역	선정 도서	교육과정 성취기준	도서 소개	선정 이유
4	사회	선생님, 정치가 뭐예요? (배성호, 주수원/주수원의영희)	[6국02-03] 글을 읽고 글쓴이가 말하고자 하는 주장이나 주제를 파악한다. [6사05-03] 일상생활에서 경험하는 민주주의 실천 사례를 탐구하여 민주주의의 의미와 중요성을 파악하고, 생활 속에서 민주주의를 실천하는 태도를 기른다.	민주주의, 다수결, 선거와 투표권, 언론 자유, 뉴스 등 정치와 관련된 다양한 주제와 사례를 통해 정치가 무엇인지, 정치를 왜 알아야 하는지, 어떤 정치가 바람직한지를 알려주고 있다. 민주와 독재의 차이가 무엇인지, 정당과 야당, 야당의 뜻이 무엇인지, 좌파와 우파라는 말이 어떻게 생겼는지, 민주주의 사회에서 왜 집회와 파업을 하는지 등 정치와 관련한 36가지 질문과 답변을 통해 살펴볼 수 있다.	우리 삶을 바꾸는 정치에 대해 자연스럽게 알려주는 책. 정치가 정치인이나 어른들만의 것이 아니라 어린이들의 일상생활 곳곳에 있다는 것을 알 수 있고 다들에서 행복한 사회를 만드는 정치를 꿈꾸어 볼 수 있다. 부록으로 담긴 '만에 대해 생각해 보기', '투표 참여 포스터 만들기', '공약 체점표 만들기' 등을 통해 민주주의 활동을 직접 수행해 볼 수 있다.
		우리 땅 독도 (김경희/몽치)	[6국02-03] 글을 읽고 글쓴이가 말하고자 하는 주장이나 주제를 파악한다. [6사08-01] 독도를 지키려는 조상들의 노력을 역사적 자료를 통하여 살펴보고, 독도의 위치 등 지리적 특성에 대한 이해를 바탕으로 하여 영토주권 의식을 기른다.	'독도는 누구의 땅인가'를 두고 서로 옥신각신 하는 아이들을 만나는 열할기자 아이들은 독도가 우리 땅이라는 증거를 자신이 알고 있는 대로 자세하게 이야기한다. 일본 아이는 이에 항의하면서 맞서는데, 지리 등 대변기자는 과학, 역사, 지리 등 대변기로 '우리 땅 독도'에 대한 검증 취재를 선언한다.	일본은 왜 독도를 자기네 땅이라고 우길까? 우리나라가 동해를 연구하기 위해 해양과학기지를 건설하게 된 배경, 우리 역사 속 독도 기록, 독도를 일본에 빼앗긴 사연, 광복 후 되찾은 독도와 영토분쟁 등 독도에 대해 알아보며 다양한 관점에서 비판적 사고력과 토론능력을 기를 수 있다.
	과학	나는 화성탐사 로봇 오퍼튜니티입니다 (이현/만만한책방)	[6국05-06] 작품에서 얻은 깨달음을 바탕으로 하여 바람직한 삶의 가치를 내면화하는 태도를 지닌다. [6실05-06] 생활 속에서 로봇 활용 사례를 통해 작동 원리와 활용 분야를 이해한다.	화성 탐사 로봇 오퍼튜니티는 많은 사람들이 예상을 깨고 하루하루 새로운 화성의 역사를 만들어 갔다. 오퍼튜니티는 2003년 2월, 화성을 향해 날아 2019년 2월, '인내심의 계곡'에서 짧은 순간까지 탐험을 멈추지 않았다. 이 책은 탐사 기간 15년, 탐사 거리 45킬로미터, 기대 수명을 60배나 뛰어넘는 기적의 탐사 로봇, 오퍼튜니티가 남긴 감동이 기록이다.	화성 역사의 새로운 페이지를 장식했던 오퍼튜니티! 오퍼튜니티는 임무 종료 그날까지 탐사를 포기하지 않았다. 오퍼튜니티가 아무도 가보지 못한 험한 길을 나아가며, 자신이 지나온 길에 자부심을 느끼고 모든 에너지가 고갈되는 순간까지 자신의 임무를 끝까지 완수하는 과정을 통해 주우와 로봇, 인공지능에 대한 깊이 있는 논의를 해보고자 한다.

학년	영역	선정 도서	교육과정 성취기준	도서 소개	선정 이유
4	과학	최열선생님의 미세먼지이야기 (최열/다산어린이)	[4도04-01] 생명의 소중함을 이해하고 인간 생명과 환경문제에 관심을 가지며 생명과 자연을 보호하려는 태도를 가진다. [6도03-04] 세계화 시대에 인류가 겪고 있는 문제와 그 원인을 토론을 통해 알아보고, 이를 해결하고자 하는 의지를 가지고 실천한다.	먼지 감옥에 갇힌 아이들이 매일 미세먼지 수치를 확인하고 마스크를 쓰며 하루를 시작한다. 계절에 상관없이 매일 뉴스에 인터넷, 앱으로 미세먼지 수치를 확인하고 외출을 할지 결정하는 일이 흔해다. 오랫동안 환경재난에서 살아 온 환경 운동가 최열 선생님이 활동 경험을 살려 아이들을 위한 미세먼지 이야기를 담았다.	과학 기술 발달이 폐해로 대두되고 있는 미세먼지. 그 이슈가 된 미세먼지, 그 원인을 알고 우리가 예방을 위해 실천해야 할 방법은 무엇인지 한 권에 모두 담아 둔 책이라는 데 의미를 세긴다.
		애들아 신화로 글쓰기하자! (정성현/꿈터)	[4국03-03] 관심 있는 주제에 대해 자신의 의견이 드러나게 글을 쓴다. [6국05-05] 작품에 대한 이해와 감상을 바탕으로 하여 다른 사람과 적극적으로 소통한다.	신화는 인문학의 꽃이라고 한다. 12가지 흥미로운 그리스 신화를 통해 신화의 세계와 지금 우리 삶과 어떤 관련이 있는지, 신화로 들어간 다른 인간과 사회의 모습을 엿보면서, 신화 속 주인공들의 행동은 오늘을 사는 우리들에게 어떤 깨달음을 주는지 등을 생각해 볼 수 있는 책이니다.	신화를 진속하게 접하면서도 깊이 이해할 수 있도록 돕는다. 그리스 신화와 글쓰기를 접목해 보다 깊게 책을 읽는 법, 다양한 관점에서 생각하는 법, 토론과 글쓰기를 통해 창의력과 표현력을 기우는 법을 얻을 수 있다.
	기타	역사가 숨어 있는 한글가온길 한 바퀴 (김솔옹/해와나무)	[4사03-03] 우리 지역을 대표하는 유무형의 문화유산을 알아보고, 지역의 문화유산을 소중히 여기는 태도를 갖는다. [4국04-05] 한글을 소중히 여기는 태도를 지닌다.	한글가온길에 대해 소개하는 것은 물론 관련된 다양한 이야기를 배울 수 있다. 세종대왕과 한글 창제의 과학적 배경과 우수성, 그리고 관련된 역사적 사건들에게 대해서도 풀어냈다. 한글가온길에서 만날 수 있는 주요 장소로는 세종대왕 동상, 경복궁, 한글 금지 마당, 세종 예술의 정원, 최초의 국립극장인 원각사 터, 한글가온길 세김돌과 한글 10마당, 한글학회 등이 있다.	역사적 저장물과 사건 등을 다루다 보니 자칫 지루해질 수 있는데, 아이들이 보다 재미를 길수 있도록 일러스트와 만화를 통해 구성을 다체롭게 했다. 이 책을 통해 아이들은 한글이 소중한 역사와 유적지를 잘 이해할 수 있으며 교육과정의 융합 역량을 기를 수 있다.

5학년 교육과정

학년	영역	선정 도서	교육과정 성취기준	도서 소개	선정 이유
5	문학	**책과 노니는 집** (이영서/문학동네)	[6국02-03] 글을 읽고 글쓴이가 말하고자 하는 주장이나 주제를 파악한다.	나라가 금하는 천주학을 믿으면 목숨조차 부지하기 어려운 세상 속에서도 지금보다 나은 삶을 꿈꾸는 민초들이 삶의 소중함과 사람을 지켜내라는 주인공의 모습을 통해 조선 후기 개혁한 세상에 인간에 대한 따뜻한 시선을 느낄 수 있는 이야기가 감동적이다.	기존의 유교적 질서가 확고하게 자리 잡고 있는 조선사회에 서학이라는 새로운 사상이 등장으로 신분제도가 요동치고 있음을 이해하고 개혁한 세상 속에서 신분제가 무너지고 조선이 책별 없는 인간이 기능했을지 의견을 나눌 수 있다.
		마당을 나온 암탉 (황선미/사계절)	[6국05-06] 작품에서 얻은 깨달음을 바탕으로 하여 바람직한 삶의 가치를 내면화하는 태도를 지닌다.	담장에서 알을 낳아야 하는 난용종 암탉 잎싹이 자신의 꿈을 이루기 위해 깊이 고민하고 실천하며 주체적인 삶을 살아내는 모습이 인상적이다. 잎싹과 초록이 삶을 표현하는 삶의 태도에서 삶의 가치와 철학, 사랑을 느낄 수 있다.	자신의 삶을 주체적으로 살아가고자 목숨을 건 여정을 떠나는 주인공을 통해 삶의 자유, 소망과 자유, 입양 등에 관해 생각해 보고 자신이 추구하는 삶의 가치가 무엇인지 찾아볼 수 있다.
	인문	**세상을 앞으로 바꾼 인권** (신현수/상상의 집)	[6사02-01] 인권의 중요성을 인식하고 인권 신장을 위해 노력했던 옛 사람들의 활동을 탐구한다.	인권의 탄생 과정과 인권 향상을 위해 애쓰는 사람들의 이야기로 스파르타쿠스의 노예 반란부터 시작으로 인류사의 중요한 사건들을 돌아보며 인권과 함께 세상이 한 걸음씩 한 걸음씩 발전해 온 모습을 보여주어 인권의 중요성을 일깨워 준다.	현재 우리가 당연하게 누리는 인권은 수많은 사람들이 힘겹게 싸워 얻은 결과임을 깨닫고 2022년 현재 코로나 상황 속에서 도외시되고 있는 인권에 대해서 살펴 볼 수 있다.

학년	영역	선정 도서	교육과정 성취기준	도서 소개	선정 이유
5	인문	**불량한 자전거 여행** (김남중/창비)	[6국01-02] 의견을 제시하고 함께 조정하며 토의한다. [6도01-01] 감정과 욕구를 조절하지 못해 나타날 수 있는 결과를 도덕적으로 상상해 보고, 올바르게 자신의 감정을 조절하고 표현할 수 있는 방법을 습관화한다.	사회 부적응자로 낙인찍힌 소년이 여러 사람들과 자전거 여행을 하면서 자신도 알고 삶이 무엇이고 힘듦이 있다는 사실을 알고 가족이란 무엇인지 생각해 보고 자신의 내면을 성찰하는 이야기가 감동적이다.	가족의 의미, 가족의 책임과 관심에 대해서 알 수 있다. 주인공의 여정을 통해 힘들 때 함께 힘들어 주고 당겨주는 가족의 힘에 대해 생각해보고 혼란 시기를 겪고 있는 사춘기 자신의 삶을 돌아보며 성찰해 나아갈 수 있다.
		그건 옳지 않아! (다니엘 맥컬린/토토북)	[6사01-05] 우리 생활 속에서 법이 적용되는 사례를 제시하고, 법의 의미와 성격을 설명한다.	여섯 가지 사건을 통해 한 사람의 자유와 다른 사람의 권리가 충돌하면 어떻게 해야 하는지 권리에 답을 찾아가는 이야기이다. 법의 중요성과 평등과 공정성을 이야기하며 사회 현상에 대해 다양한 관점을 생각해 볼 수 있는 내용이 흥미롭다.	시민의 자유와 권리에 대해 알고 위험받는 대표자가 시민의 자유와 권리를 대변하는 법을 어떻게 만드는지 법의 의미와 역할을 알고 민주시민으로서 가져야 할 태도에 대해 알 수 있다.
	사회	**나에게도 꿈이 있습니다** (김주희/길벗스쿨)	[6사02-01] 인권의 중요성을 인식하고 인권 신장을 위해 노력했던 옛 사람들의 활동을 탐구한다. [6사02-02] 생활 속에서 인권 보장이 필요한 사례를 탐구하여 인권의 중요성을 인식하고, 인권 보호를 실천하는 태도를 기른다.	UN 세계기념일로 보는 12달 인권 달력으로 1월부터 12월까지 17명의 인권 활동가의 일화를 들려준다. 흑인, 여성, 어린이, 원주민, 장애인, 학생 등 여러 분야서 인권 문제의 심각성을 알려준다.	열악한 환경과 차별 속에서도 인간으로서의 권리를 찾고 다른 사람의 권리를 소중히 여기는 사람들의 삶을 통해 공존의 가치를 경험하고 가치를 실천하기 위해 다양한 문제(인권, 노동제도 등)를 탐구하고 해결 방안을 찾는 토론의 경험으로 성숙한 시민의식과 자질을 기를 수 있도록 한다.

학년	영역	선정 도서	교육과정 성취기준	도서 소개	선정 이유
5	과학	신화, 과학을 들이울리다 (정창훈/웅진주니어)	[6국02-01] 읽기는 배경지식을 활용하여 의미를 구성하는 과정임을 이해하고 글을 읽는다. [6과09-02] 계절에 따라 별자리가 달라진다는 것을 지구의 공전으로 설명할 수 있다.	그리스 신화를 통해 과학의 원리를 알려주는 책이다. 고대 그리스의 위대한 철학자는 대부분 과학자이며 동시에 예술가였다. 근원을 생각해 보면 과학이도 결국 하나의 문명이 한 부분이고, 결국 신화와 과학은 한 곳에서 만나게 된다. 신화를 통해 숨어 있는 다양한 과학적 사실들을 만나 볼 수 있는 뜻깊은 기회이다.	신화는 무언가에 대해 분명하게 설명하는 것이 아니라 함축적으로 제시된다. 우리는 신화를 통해 자연, 인간, 사회, 삶 등에 대한 기원이나 연원을 알 수 있으며 신화 속에 담긴 과학적 사실들을 알아보고 다양한 관점에서 살펴볼 수 있다.
		무지개 도시를 만드는 초록슈퍼맨 (김영숙/위즈덤하우스)	[6도02-02] 다양한 갈등을 평화적으로 해결하는 것의 중요성과 방법을 알고, 평화적으로 갈등을 해결하려는 의지를 기른다. [6과17-02] 자연 현상이나 일상생활의 예를 통해 에너지의 형태가 전환됨을 알고, 에너지를 효율적으로 사용하는 방법을 의논할 수 있다.	지구 상황에 관심을 갖고 상황을 해결하기 위해 행동하는 순간 심각한 환경오염과 파괴를 막을 수 있다는 평범하지만 힘을 합친 사람들이 자연 에너지 자립을 이룬 모습을 통해 세상을 바꾸는 시민의 힘을 보여주며 환경 윤리와 시민 의식을 일깨워 주는 내용의 인상적이다.	심각한 환경오염과 에너지 고갈이 지구촌 문제를 해결하기 위해서는 나부터가 바꾸고 행동해야 한다는 생각을 일깨울 수 있고 갈등을 평화적인 방법으로 해결할 수 있음을 알 수 있다.
	기타	쓰레기 산에 패랭이 꽃이 피었어요 (정수현/미래엔아이세움)	[국01-05] 매체 자료를 활용하여 내용을 효과적으로 발표한다. [6사08-03] 지구촌의 평화와 발전을 위협하는 다양한 갈등 사례를 조사하고 그 해결 방안을 탐색한다.	우리가 주위에서 할 수 있는 환경 운동의 실천 방법들을 어린이의 수준에 맞춰 알맞게 설명해 놓았으며 환경 단체가 동물을 사랑하고 자연을 보호하는 모습을 통해 우리 아이들도 살기 좋은 세상을 만들기 위해 작은 실천에 동참할 수 있는 지침서 역할을 한다.	뉴질랜드의 멸종 위기 새, 베트남의 고엽제 피해, 남극의 오존층 파괴, 북한의 산림 훼손 문제 등 전 세계에서 지금 벌어지는 심각한 자연 파괴 현상과 이를 막기 위한 많은 이들의 노력을 확인하며 우리 아이들이 지구 환경 위기에 대한 경각심을 갖고 환경 보호에 대한 작은 실천을 시작할 수 있다.

학년	영역	선정 도서	교육과정 성취기준	도서 소개	선정 이유
5	기타	미래 인간 (톰잭슨/청어람아이)	[국02-03] 글을 읽고 글쓴이가 말하고자 하는 주장이나 주제를 파악한다. [6국02-04] 글을 읽고 내용의 타당성과 표현의 적절성을 판단한다.	어린이가 꼭 알아야 할 최신 과학 이슈를 재밌는 일러스트와 함께 쉽게 풀어서 소개하며 책을 통해 다양한 과학 상식을 배우고, 앞으로 다가올 미래를 위해 발전하는 과학 기술이 올바른 그런지 친구들과 함께 과학 토론도 해볼 수 있다.	미래 사회에 다가올 변화들 미리 예측해 보고, 현재를 진단하며 미래를 위해 무엇을 준비해야 하는지 지금 있는 이 자리에서 삶을 재조명해 보고 과학 기술 발달의 폐해를 짚어보며 바람직한 발전에 대해서도 생각해 볼 수 있다.

6학년 교육과정

학년	영역	선정 도서	교육과정 성취기준	도서 소개	선정 이유
6	문학	체리새우: 비밀글입니다 (황영미/문학동네)	[6도05-06] 작품에서 얻은 깨달음을 바탕으로 하여 바람직한 삶의 가치를 내면화하는 태도를 지닌다. [6도01-02] 자주적인 삶을 위해 자신을 이해하고 존중하며 자주적인 삶의 의미와 중요성을 깨닫고 실천방법을 익힌다.	은따였던 진지종 다현이는 친구들과 잘 지내기 위해 자신의 본마음을 숨긴다. 그러던 중 자신의 무리와 사이가 좋지 않지만, 주변 상황에 개의치 않는 은유와 가까워지게 되고, 그 아이에게 호감을 느끼며 공통점을 발견한다. 많은 내적 갈등 속에 다현이는 과감하게 자신을 드러내기로 하고 오히려 자신의 모습을 지지하는 친구들을 발견하며 자신을 잃지 않고 좋은 관계를 맺는 방법을 깨닫는다.	한창 친구 관계에 민감하고 그로 인한 갈등을 겪는 시기, 자신이 어떤 사람인지 고민하고, 긴장한 관계도 어떻게 맞서나가야 하는지 생각해 볼 수 있는 도서이다.

학년	영역	선정 도서	교육과정 성취기준	도서 소개	선정 이유
6	문학	행운이 너에게 다가오는 중 (이꽃님/문학동네)	[6국02-03] 글을 읽고 글쓴이가 말하고자 하는 주장이나 주제를 파악한다. [6사02-02] 생활 속에서 인권 보장이 필요한 사례를 탐구하여 인권의 중요성을 인식하고, 인권 보호를 실천하는 태도를 기른다.	우영과 향주. 그들은 우연히 같은 반 친구 은재가 아빠에게 심각한 가정 폭력을 당하는 장면을 목격한다. 늘 그들 곁을 맴도는 행운으로 그들 자신과 사례를 위해 용기를 내어 삶의 문제를 마주하려고 하자 함께 하기 시작한다. 은재가 향주 아빠가 감독이 축구팀을 만나고, 지한과 함께하게 된 우영이 자신과 맞서 용기로 삶의 문제를 극복해 나간다.	작품 속 인물들의 선택과 행동을 통해 자신을 돌아보고, 우리의 삶에 행운이 다가온다는 것의 의미를 생각해 본다. 가정 폭력을 비롯하여 우리 생활 속 인권 보장이 필요한 사례를 고민해 보고, 그들 위한 나와 우리 공동체의 노력을 찾아보고, 실천하기 위한 마음가짐을 가져 보고자 한다.
6	문학	장복이, 창대와 함께하는 열하일기 (강민경/현암주니어)	[6사07-04] 이주 생활에 특색이 있는 나라들과 역사 사례를 조사하고, 이를 바탕으로 하여 인간 생활에 영향을 미치는 여러 자연적, 인문적 요인을 탐구한다. [6도04-02] 올바르게 산다는 것이 의미와 중요성을 알고, 자기반성과 마음 다스리기를 통해 올바르게 살아가기 위한 능력과 실천 의지를 기른다.	박지원이 연경(열하)을 다녀온 기행 이야기를 박지원의 시선이 아닌 마부인(마두) 창대와 하인 장복이의 시선으로 이야기하는 책이다. 조선 시대 청나라와의 관계, 다양한 문물 소개와 그들을 접하는 태도, 박지원의 사상 등을 이해하기 쉽게 만나볼 수 있다. 비록 마부이, 하인의 신분이지만 그들도 이 여행을 통해 자신만의 꿈을 찾고 한 발 나아가고자 한다.	5,6학년에 배운 역사를 바탕으로 조선 시대 국제정세를 구체적으로 문물이나 박지원의 입장을 통해 읽어볼 수 있다. 새로운 문물을 만나는 인물들의 태도나 생각을 확인해 보고, 더 나아가 미래 사회를 만나는 우리의 마음가짐도 고민해 볼 수 있다. 또한 장복이와 창대를 바라보며 자신을 찾아가는 모습을 통해 자신을 바라보고 각자 진로에 대해서도 탐색해 볼 수 있다.
6	인문	해리엇 (한윤섭/문학동네)	[6국01-01] 구어 의사소통의 특성을 바탕으로 하여 듣기·말하기 활동을 한다. [6과05-01] 생태계가 생물 요소와 비생물 요소로 이루어져 있음을 알고 생태계 구성 요소가 서로 영향을 주고받음을 설명할 수 있다.	뒤늦게 동물원에 보내진 자바 원숭이 칩팀은 개코 원숭이들에게 괴롭힘을 당하며 하루하루 어려운 날들을 보낸다. 그런 칩팀 곁에는 위로와 안식처가 되어 준 바다거북 해리엇이 있다. 몇 해 지나 해리엇은 175살 삶을 다해 죽음을 앞두게 되었다. 해리엇은 바다에 가면 자신이 고향인 갈라파고스로 돌아갈 수 있을 것이라고 했고, 이에 모두 동물들은 조선선을 다해 해리엇을 바다로 보내준다.	동물원 동물들의 대화를 통해 삶의 지혜를 얻고, 바다거북의 삶을 생각하며 생태환경에 대한 이해를 넓히고, 생태감수성도 높일 수 있는 도서이다.

학년	영역	선정 도서	교육과정 성취기준	도서 소개	선정 이유
6	사회	과학이 톡톡 쌓이다! 사이다 4 (국립과천과학관 김선자/상상아카데미)	[6국02-05] 매체에 따른 다양한 읽기 방법을 이해하고 적절하게 활용하며 읽는다. [6과04-02] 다양한 생물이 우리 생활에 미치는 긍정적인 영향과 부정적인 영향에 대해 토의할 수 있다.	국립과천과학관 과학자들이 어린이들을 위해 만든 과학 도서 '사이다' 시리즈 네 번째 책이다. 바이러스를 소개하고, 바이러스가 어떻게 살아남는지 알려준다. 종을 유지하기 위한 바이러스의 전략이 인간과 펼칠 수 없는 전쟁을 일으키는 과정을 보여준다. 특히 코로나 바이러스의 특징에 따라 우리가 어떻게 예방해야 하는지 과학 지식으로 설명한다.	코로나19는 인간의 활동 범위를 급격하게 좁혀 버렸다. 삶의 모습을 이렇게 갑자기 바꿔 일을 찾을 수 없을 정도로 바이러스의 위력이 크다. 바이러스가 무엇인지, 전염이 바이러스에게 어떤 의미가 있는지, 바이러스와의 싸움에서 이기려면 어떻게 해야 하는지 알아보고자 한다.
6	사회	나무를 심은 사람 (장 지오노/두레)	[6국02-01] 읽기는 배경지식을 활용하여 의미를 구성하는 과정임을 이해하고 글을 읽는다. [6사08-06] 지속가능한 미래를 건설하기 위한 과제를 조사하고, 세계시민으로서 이에 적극 참여하는 방안을 모색한다.	프로방스 지방의 어느 고원지대는 한때 숲이 무성했고 사람들이 모여 살던 고장이었으나 사람들이 나무를 베어 황무지로 변하고 많았다. 나무가 없어 폐허가 되었다는 것을 깨달은 한 양치기 노인이 너무 쉬는 일을 시작했다. 나무를 심은 지 40년이 지난 후, 아름다운 숲을 가진 땅이 되었고, 사람들이 찾는 땅이 되었다.	지금 우리가 살고 있는 삶의 모습을 성찰하고, 공존하며 평화로운 삶을 살아가기 위해 해결해야 할 과제를 찾아보면서 보다 나은 삶을 위해 무엇을 할 것인지, 어떤 사람이 될 것인지를 생각할 수 있다.
6	과학	그레타 툰베리와 함께하는 기후행동 (이순희, 최동진/빈빈책방)	[6사08-05] 지구촌의 주요 환경문제를 조사하여 해결 방안을 탐색하고, 환경문제 해결에 협력하는 세계시민의 자세를 기른다. [6과13-03] 전기를 절약하고 안전하게 사용하는 방법을 토의할 수 있다.	학생 환경운동가 그레타 툰베리가 등교 거부를 통해 기후 위기의 심각성을 알리고 그 원인인 화석 에너지에 대해 이야기한다. 에너지가 어떻게 인간이 되는지 우리나라의 기후 위기 예에 대한 이야기와 함께 기후 위기 비상사태를 선포하며 위기를 해결할 수 있는 방법을 설명하고 있다.	인간의 편리를 위해 행해지는 모든 문명 활동은 심각한 기후 위기를 만들어 내고 있다. 이 문제를 인식함과 동시에 행동해야 함을 진정성있게 전달한다. 한 사람의 작은 실천이 지구를 살릴 수 있다는 깊이를 깨달게 해준다.

학년	영역	선정 도서	교육과정 성취기준	도서 소개	선정 이유
6	과학	**재미있는 인공 지능 이야기** (송준섭/가나출판사)	[6국01-01] 구어 의사소통의 특성을 바탕으로 하여 듣기·말하기 활동을 한다. [6국02-03] 글을 읽고 글쓴이가 말하고자 하는 주장이나 주제를 파악한다.	인공지능이 무엇인지 이해하고, 삶 속에서의 쓰임새를 알아본다. 그로 인해 발생하는 많은 사회편의 문제를 다루고 있다. 나아가 인공지능으로 인한 미래 사회 직업의 변화에 대해서도 다루고 있다.	이미 우리 삶 속 깊숙이 들어와 자리잡은 인공지능에 대해 구체적으로 이해하고, 이를 대하는 우리의 태도를 다각도로 고민해볼 수 있는 도서이다. 또한 인공지능으로 인한 직업세계의 변화를 보며 진로교육활동도 경험할 수 있다.
		데이터로 과학하기 (윤현석 외/팀)	[6실04-07] 소프트웨어가 적용된 사례를 찾아보고 우리 생활에 미치는 영향을 이해한다.	데이터과학과 그 직업 세계에 관한 가장 쉬운 입문서로, 데이터과학자가 4차 산업혁명 시대에 어떤 의미를 갖는 직업인지 자세한 배경부터 차근차근 짚어 나온다. 또한 데이터 중심의 사고방식을 길러드는 생부터 데이터를 보기 좋게 하는 데이터 시각화, 다양한 교육 사례, 데이터 종합과 나누어 보기의 실제 사례, 독 일 이터 분석과 나누어 분석 기술까지 배울 수 있다.	4차 산업혁명 시대, 우리가 아는 대부분의 직업들이 30년 후에는 사라진다. 지금의 우리는 미래에 어떠한 직업을 선택해야 할까? 사라지지 않는 직업과 사라지지 않을 직업에 대하여 생각해보고 나의 진로를 탐색해 볼 수 있다.
	기타	**쓸모있는 지식이 찾된 지식** (강영계/지음과모음)	[6국02-03] 글을 읽고 글쓴이가 말하고자 하는 주장이나 주제를 파악한다. [6도04-02] 올바르게 산다는 것의 의미와 중요성을 알고, 자기반성과 마음 다스리기를 통해 올바르게 살아가기 위한 능력과 실천 의지를 기른다.	존 듀이의 실용주의 교육 철학을 시공에 전학 간 연두와 친구들 이야기를 통해 알기 쉽게 이야기하고 있는 도서이다. 실생활 사례를 통해 실용주의 도구주의, 실용주의를 이해하고 합리적인 사고방법에 대해 이야기하는 도서이다.	초등학생 눈높이로 실용주의를 이해해볼 수 있다. 그 이해를 바탕으로 존 듀이 생각을 통해 성숙한 인간이 되고 올바르게 산다는 것이 무엇인지 고민해보고자 한다.

7학년 교육과정

학년	영역	선정 도서	교육과정 성취기준	도서 소개	선정 이유
7	문학	아몬드 (손원평/창비)	[9국01-12] 언어폭력의 문제점을 인식하고 상대를 배려하며 말하는 태도를 지닌다.	타인의 감정에 무감각해진 공감 불능인 이 시대에 큰 울림을 주는 이 작품은 감정을 느끼지 못하는 한 소년의 특별한 성장을 그리고 있다. 이 책은 우리로 하여금 타인의 감정을 이해한다는 것이 얼마나 어려운 일인지, 그럼에도 그것이 얼마나 소중한 일인지 다시 한번 생각해 볼 기회를 전한다.	이 책은 나와 타인을 이해하는 데에 어려움을 겪는 현대 청소년들에게 큰 울림을 줄 수 있는 책이다. 소통을 강조하지만 정작 현실에서 마주하는 관계의 어려움을 해결하지 못해 좌절하고 신음하는 사람이라면 읽으며 해결책의 실마리를 찾아볼 수 있다.
7	문학	난장이가 쏘아 올린 작은 공 (조세희/이성과힘)	[9국05-03] 갈등의 진행과 해결 과정에 유의하며 작품을 감상한다.	이 책은 주인공 가족의 비참한 생활과 그로 인해 초래된 절망적인 현실을 고발하는 내용으로, 열두 편의 단편으로 이루어진 '조세희'의 연작 소설이다. 산업화 과정에서 소외됐던 1970년대 도시 빈민들의 삶을 우화적으로 전개하였다.	이 책은 산업화로 인한 사회적 약자들의 고난과 갈등을 통해 현대 사회의 문제를 성찰할 수 있는 계기를 마련해준다. 나아가 사회를 구성하고 있는 계층 간 대립을 조망하며 인간 소외 문제의 해결책 또한 제시할 수 있는 기회를 제공한다.
7	인문	왜 세계의 절반은 굶주리는가 (장 지글러/갈라파고스)	[9사(지리)06-01] 자원 분포의 편재성과 자원 소비량의 지역적 차이를 파악하고, 이로 인해 발생하는 국가 간 경쟁과 갈등을 조사한다. [9사(지리)09-01] 농업 생산의 기업화와 세계화가 농작물 생산지역과 소비 지역의 변화에 미친 영향을 조사한다.	유엔 인권위원회 식량특별조사관인 장 지글러가 기아의 실태와 그 배후의 원인들을 아들과 나눈 대화 형식의 책이다. 전쟁과 정치적 무질서로 인해 구호 조치가 무색해지는 비참한 현실과 기아를 발생시키는 정치·사회·경제적 문제들을 통해 사람이 가장이 인정하 촉구한다.	이 책은 식량문제로 대표되는 자원 불평등으로 인한 국가 간, 민족 간의 갈등을 이해할 수 있도록 돕는다는 점에서 청소년들이 꼭 읽어야 할 책이라고 생각한다. 또한 세계화라는 이면에 어떤 힘의 논리가 숨어 있는지 고민해 볼 수 있고 나아가 그 해결책을 제시할 수 있는 단서를 제공해 준다.

학년	영역	선정 도서	교육과정 성취기준	도서 소개	선정 이유
7	인문	누가 민주주의를 훔쳐 갔을까? (김윤식/이상한도서관)	[9사(일사)03-01] 정치의 의미와 기능을 이해하고, 정치 생활에서 국가와 시민이 수행하는 역할을 탐구한다. [9사(일사)03-02] 민주 정치의 발전 과정을 분석하고, 이를 토대로 민주주의 이념과 민주 정치의 기본 원리를 도출한다.	"누가 민주주의를 훔쳐 갔을까』는 현실의 다양한 사례들을 통해서 민주주의 현실이 다고, 진짜 민주주의란 어떤 것인지 차근차근 배울 수 있는 책이다. 그리고 민주주의에만 소수가 잘 사는 사회가 아닌, '모두가 잘 사는 사회'를 만드는 가장 강력한 힘이자 가장 강한 무기라는 것을 보여주고 있다.	이 책은 청소년의 정치에 대한 관심이 높아지고 정치 참여가 과거에 비해 활발해지고 있는 지금, 민주주의라는 화두를 통해 우리 사회가 나아가야 할 방향을 제시해 주고 있다. 이를 통해 청소년들이 정치의 객체가 아닌 주체로서 어떤 태도를 지녀야 하고 우리 사회가 나아갈 올바른 방향이 무엇인지 고민해 볼 수 있다.
		모든 치킨은 옳을까? (오혜리 외/우리학교)	[9국02-04] 글에 사용된 다양한 설명 방법을 파악하며 읽는다. [9국02-05] 글에 사용된 다양한 논증 방법을 파악하며 읽는다.	신문 기자 세 사람이 우리가 자주 먹는 음식 열 가지(치킨, 콜라, 피자, 소고기, 라면·국수·짜장면, 커피, 햄버거, 망고, 연어, 초콜릿)를 소개한다. 주부모 세대가 듣도 보도 못한 음식이 어떻게 국민 음식이 되었는지 알려주고, 우리가 이 음식을 많이 먹을수록 지구 생태계가 어떤 영향을 받는지 말한다. 마지막으로 미래를 위해 셋이슷을 보완하는 셋앗 창고를 소개한다.	현대인들은 값싸고 양 많은 음식이라면 너도나도 찾는다. 치킨, 콜라, 피자, 햄버거 같은 정크 푸드가 국민 음식이 된 까닭이기도 하다. 그러나 이제는 맞고 가격뿐 아니라 우리 식탁에 올라오는 음식이 어떻게 만들어지며, 어떤 결과를 일으키는지에 대해서도 알아야 한다. 연어, 망고, 초콜릿이 가져온 변화를 인식하고 대자해야 인류의 미래가 더 나아질 것이다.
	사회	기본소득 좀 아는 10대 (오준호/풀빛)	[9사(일사)12-03] 현대의 주요한 사회 문제를 조사하고, 이에 대한 해결 방안을 탐구한다. [10통사04-01] 근대 시민 혁명 등을 통해 확립되어 온 인권의 의미와 변화 양상을 이해하고, 현대 사회에서 주거, 안전, 환경 등 다양한 영역으로 인권이 확장되고 있는 사례를 조사한다.	중학생을 위해 기독한 사회 좀 아는 시리즈 중 하나로, 다양한 사회 문제 중에서 시사점이 있고 활발한 토론 거리가 될 주제를 담고 있다. 그 중, 이 책은 일반 복지제와는 다른 개념인 '기본소득'이 이용한 복지 시대에 꿈의 포기하지 않고 누구나 자기 존재의 가치를 실현할 수 있는 정박한 대안이 될 수 있음을 밝히고 있다.	미래를 꿈꾸며 현재를 살아가는 청소년에게도 다른 방식의 삶이 가능함을 보여 주기 위해 상정된 기본 소득. 이 책을 통해 저자가 주장하는 '기본소득'이 다른 사람을 짓밟는 냉혹함 없이 도 진정 하고 싶은 일에 충실할 수 있고 주어진 사회를 돌라보는 여유를 가질 수 있는 이 시대의 절박한 대안이 될 수 있을지 따져보는 시간이 될 것이다.

학년	영역	선정 도서	교육과정 성취기준	도서 소개	선정 이유
7	과학	십 대가 알아야 할 인공지능과 4차 산업혁명의 미래 (전승민/팜파스)	[9과24-01] 과학기술과 인류 문명의 관계를 이해하고 과학의 유용성에 대해 설명할 수 있다.	청소년들이 맨 처음 만나는 디지털 인문학 책으로, 4차 산업혁명에 대해 미래에 주역 청소년들이 반드시 알아야만 하는 디지털 과학 지식과 그로 인한 삶의 변화를 이야기한다. 인공지능, 로봇, 빅데이터, 사물인터넷, 인터페이스와 통신 같은 미래 세상의 핵심 기술을 알아보고, 지금 업계에서 떠오르는 미래 유망 직업들과 그 이유까지도 일러 준다.	지금 제대로 준비하지 않으면 4차 산업혁명 시대의 변화에 뒤처질 거라는 걱정이 크다. 4차 산업혁명은 정확하게 어떤 것일까. 미래의 주역인 청소년들에게는 어떠한 영향을 줄까? 지금 당장 진로를 고민하고 정해야 하는 십 대들이 4차 산업혁명에 대비하고 무엇을 대비해야 할지 고민해 볼 수 있는 도서이다.
7	과학	알수록 쓸모 있는 요즘 과학 이야기 (이민환/블랙피쉬)	[9과07-02] 현대 사회의 다양한 직업이 과학과 어떤 관련성이 있는지 예를 들어 설명하고, 미래 사회에서의 직업의 변화를 토의할 수 있다.	요즘 핫한 일상 속 과학 유튜브 지식인 마나나가, '과알못' 독자들을 위해 그들의 눈높이에 맞게 준비한 유쾌한 과학책이다. 그 누구보다 과학을 재미있고 근사하게 가지고 노는 저자는 현미경으로 교복지나 굳은 때를 막아들 때는 과학 같지만, 발효공학 연구실에서 연구하던 선상품을 버리지 못해 궁금한 것이 생기면 집요하게 파고드는 점에 도움을 보여준다.	과학이 이과생, 공대생, 과학자들만의 지적 향유물이라고 생각하며 거리감을 느꼈던 사람이라도, 지식인 마나니의 유쾌한 과학 수다에 내 몸의 분명 큰 재미를 느낄 수 있을 것이다. 내몸에 대한 호기심에서부터 일상 속 궁금증까지 재미와 교양을 동시에 채울 수 있는 시간이 될 것이다.
7	기타	소년, 적정기술을 탐하다 (조승연/뜨인돌)	[9사(지리)06-03] 지속가능한 자원의 개발 사례를 조사하고, 그것의 긍정적 부정적 효과를 평가한다. [9기가05-06] 생활 속 문제를 찾아 아이디어를 구상하고 확산적 수렴적 사고 기법을 활용하여 창의적으로 해결한다.	'세상을 바꾸는 (돕는) 착한(따뜻한) 기술'이라 불리는 적정기술의 효용과 사례를 통해 우리가 사는 지구의 불균형 문제를 조금이나마 해결하고자 노력하는 이들에게 작지만 큰 단서를 제공하는 도서이다.	적정기술 개발이라는 비전을 품고 진로를 개척하는 청소년 자기의 구체적이며 도전적인 삶의 모습이 다양한 가치 속에서 강제를 찾고자 애쓰는 오늘의 청소년들에게 진정한 삶의 가치에 대해 생각하게 한다.

학년	영역	선정 도서	교육과정 성취기준	도서 소개	선정 이유
7	기타	바나나 그 다음 (박성후/북하우스)	[9국05-10] 인간의 성장을 다룬 작품을 읽으며 삶을 성찰하는 태도를 지닌다. [9도01-05] 행복한 삶을 위해 좋은 습관과 건강의 필요성을 설명하고, 정서적 건강과 신체적 건강을 가꾸기 위한 방안을 제시하고 실천 의지를 함양할 수 있다.	『바나나 그 다음』은 전형적인 대처동 키즈로 불리며 카이스트에 입학한 작가가 여행을 통해 발견한 진정한 삶의 의미와 행복, 주체적 삶의 다짐을 현재 진행형으로 그리는 책이다.	진정한 행복과 삶의 의미를 찾고자 애쓰는 청소년들에게 진정한 공부가 무엇인지, 올바른 진로관이란 어떤 것인지를, 나아가 현재에서 나의 미래의 나를 생각해 보게 한다.

8학년 교육과정

학년	영역	선정 도서	교육과정 성취기준	도서 소개	선정 이유
8	문학	리디아의 정원 (영아 변행) (사라 스튜어트 /시공주니어)	[9국05-06] 과거의 삶이 반영된 작품을 오늘날의 삶에 비추어 감상한다. [9역05-01-00] 20세기 전반 국제 정치 및 경제 질서의 변화를 두 차례의 세계 대전을 중심으로 이해한다.	대공황 시기 미국을 배경으로 한 소녀가 가정의 경제적 어려움으로 부모와 결을 떠나 전직점에서 생활하면서도 자신의 역경을 극복하고 아울러 주변도 행복하게 만드는 이야기이다.	대공황 시기의 미국의 현실을 보면서 지금의 경제 및 사회 문제와 비교하여 해결책을 고민해 보고, 이울러 아무리 현실이 어려워도 희망을 품지 않는 소녀 리디아의 모습을 통해 우리의 희망도 모색해보는 시간을 가져보고자 한다.

학년	영역	선정 도서	교육과정 성취기준	도서 소개	선정 이유
8	문학	**동물농장** (조지 오웰/북폴리지)	[9국05-05] 작품이 창작된 사·문화적 배경을 바탕으로 작품을 이해한다. [9역05-01-00] 20세기 전반 국제 정치 및 경제 질서의 변화를 두 차례의 세계 대전쟁을 중심으로 이해한다.	동물농장은 볼셰비키 혁명으로 소비에트 공화국이라는 공산국가가 만들어진 후 스탈린 시대에 이르기까지 그 언어서 끝임없이 권력 특징이 벌어지고 권력을 잡은 자들이 타락해가는 모습을 동물들을 통해 풍자하는 소설이다.	투표를 할 수 있는 연령이 낮아지고 청소년들의 정치에 대한 관심이 높아지고 있는 현실에서 정치권력 부패에 하는 근본 원인과 모순에 대해 고민해 봄으로써 청소년들이 올바른 정치인을 가지고 투표의 중요성에 대해 다시 한번 생각해 보는 기회가 될 수 있다.
	인문 /철학	**철학이 뭐예요** (크리스토테 슐츠-라이스/양철북)	[9도03-03] 세계 시민으로서 요구되는 도덕적 가치들을 이해하고, 지구 공동체에서 일어나는 다양한 도덕 문제를 인식하며, 이러한 문제를 개선하려는 참여적 태도를 가지는 등 세계 시민 윤리의식을 함양할 수 있다.	87개의 질문과 대답으로 철학의 기초 상식을 얻은 책으로 고대 그리스에서 자연철학자 탈레스부터 버트런드 러셀까지, 교과서에 등장하는 다양한 철학자들의 해심 사상을 담화 형식으로 소개한다. 이해하기 까다로운 철학의 해심 질문과 대답을 바탕으로 전개하기에 부담 없는 철학 입문서다. 우선 고대부터 현대까지의 철학사를 더듬어 살펴본 뒤에, 마지막에 여성 철학자들을 배치하여 다룬다.	본격적인 철학서를 읽기에 앞서 철학의 해심 문을 파악하는 단계가 필요하다. 일반적으로 청소년을 위한 철학서가 철학 입문서나 여자지만, 시공간적 배경을 이해해야 하는 부담이 있다. 이에 반해 이 책은 시대적 흐름을 따라가면서도 철학자들이 조망 속에서 해심 질문을 파악하여 철학사적 근본 문제를 파악하기 쉽게 구성되었다.
		스피릿 베어 (벤 마이켈슨/양철북)	[9국02-10] 읽기의 가치와 중요성을 깨닫고 읽기를 생활화하는 태도를 지닌다.	『스피릿 베어』는 각자의 이유로 영혼에 상처를 입은 두 소년이 어른들의 따스한 믿음 아래 인디언 원행평결시스템을 바탕으로 서로의 상처를 확인하고 회복하는 과정을 그린 성장 소설이다.	작품을 통해 역경을 딛고 성장하는 인간의 내면적 강인함을 자신의 삶의 연장선에 감성할 수 있다. 또한 현대주의적 가치관에 따른 서열 중심주의와 인간 신뢰를 바탕으로 한 포용적 교화주의를 견주어 봄으로써 바람직한 인간 존중의 단계에 대해 깊이 있게 탐구할 수 있다.

학년	영역	선정 도서	교육과정 성취기준	도서 소개	선정 이유
8	사회	왜 세계의 가난은 사라지지 않는가? (장 지글러/시공사)	[9사(일사)11-02] 국제 사회에 존재하는 경쟁과 갈등, 협력의 다양한 모습을 이해하고, 국제 사회의 공존을 위한 노력을 외교 정책을 중심으로 탐구한다.	『왜 세계의 절반은 굶주리는가?』의 저자가 누구나 알고 있지만 누구도 답할 수 없었던 질문, "왜 세계는 이토록 불평등한가?"에 정면으로 답하는 책이다. 유엔 인권이사회 자문위원인 저자는 전작의 논의에서 더 나아가 손쉬운 해답을 내 놓지 않고 대화를 통해 현재 전 세계를 뒤덮고 있는 심각한 기아와 빈곤 문제를 유발하는 원인과 해결책이 무엇인지를 고찰한다.	우리가 세계시민으로서 부담하고 불평등한 현실에서 눈을 돌리지 말고, 변화를 위한 행진에 합류하기를 촉구하는 저자의 바람을 통해 지 금주어가 괴물이 되어버린 지금, 앞으로 우리는 어떻게 살아가야 하며 다음 세대에 어떤 세상을 물려주어야 하는지, 그러려면 무엇을 바꿔야 하고 어떤 행동에 나서야 하는지를 깊이 생각해 볼 수 있다.
		안네의 일기 (안네 프랑크/책하늘)	[9국02-8] 도서관이나 인터넷에서 관련 자료를 찾아 참고하면서 한 편의 글을 읽는다. [9국02-10] 읽기의 가치와 중요성을 깨닫고 읽기를 생활화하는 태도를 지닌다.	『안네의 일기』는 제2차 세계 대전을 배경으로 독일의 나치가 주도한 반유태주의 정책에 따라 기본적인 권리를 점차 제한받는 유대인들의 생활상을 잘 보여준다. 이러한 상황에서도 내면의 인간성과 존엄을 스스로 지키려 했던 안네 인간의 강인함이 드러나는 세계적인 수필 작품이다.	작품을 통해 일기를 쓰는 힘이 가치와 중요성을 생각해 본 뒤, 자신의 삶과 연관지어 내면을 실제 표현하며 자신의 삶을 성찰할 수 있다. 또한 작품의 배경과 관련한 세계사적 소양을 쌓고 홀로코스트를 바탕으로 차별과 관용이라는 사회 적 가치를 탐구하며 오늘날의 사회 모습과도 연관지어 보는 통찰력을 기를 수 있다.
	과학	생명 윤리 이야기 (권복규/책세상)	[9과24-01] 과학 기술의 인류 문명의 관계를 이해하고 과학의 유용성에 대해 설명할 수 있다.	이 책은 청소년들을 위한 교양서인 '루트' 시리즈로, 생명 과학의 발전과 관련해 첨예하게 제기되고 있는 윤리적 논쟁을 살펴보고 그에 대한 사유의 올바른 방향을 모색하고자 했었다. 유전자 결정론과 유전자 연구 정보, 줄기세포 연구, 인간 복제, 황우석 사건과 논문 윤리, 장기 이식, 뇌사와 인터시 논쟁, 이종 이식, 인공 장기 등 현대 생명 윤리의 주요 이슈들 전반 논쟁을 중심으로 하나씩 짚어보고 있다.	삶과 죽음의 경계는? 세포와 인간을 구분할 수 있을까? 어디는 인간인가? 인간의 몸에 대한 기계하는 어디까지 가능할까? 유전 정보가 나라는 인간을 결정하는 걸까? 인간은 스스로 죽음을 선택할 권리가 있는가? 이와 같이 과학 기술이 발전과 그것이 몰라는 삶의 변화에 맞서서 인간의 존엄성과 인권을 지켜려는 노력을 살펴보고 삶이 진정한 의미에 대해 성찰해 보고자 한다.

학년	영역	선정 도서	교육과정 성취기준	도서 소개	선정 이유
8	과학	**과학을 말하는 십대, 스마트 테크놀로지** (구정은, 이지선 / 우리학교)	[9과24-02] 과학을 활용하여 우리 생활을 보다 편리하게 만드는 방안을 고안하고 그 유용성에 대해 토론할 수 있다.	그 어느 때보다 변화의 속도가 빠른 과학 기술에 대한 이해는 새로운 시대를 살아갈 필수 지식이 되고 있다. 오랫동안 사회과 과학 기술을 집중 취재해 온 기자 출신 저자들이 인공지능, 로보틱스, 자율주행 등 가지 가상현실, 사물인터넷, 전자공학 등 여섯 가지 스마트 테크놀로지 이슈를 통해 청소년들이 과학 기술의 현재와 변화를 한눈에 들여다보고 이해할 수 있도록 안내한다.	나날이 발전하는 과학 기술은 이제 새로운 시선, 새로운 질문, 새로운 법과 제도를 요구한다. 『과학을 말하는 십대 : 스마트 테크놀로지』는 바로 이런 과학 기술이 가져올 변화에 제대로 대처하고 싶은 십 대, 복잡한 오늘과 예측 불가한 내일을 이해하고 싶은 십 대를 위한 최적의 책이다.
		파랑대왕 (윌리엄 골딩 / 민음사)	[4국01-03] 원인과 결과의 관계를 고려하며 듣고 말한다. [4국05-02] 인물, 사건, 배경에 주목하며 작품을 이해한다.	어느 미래의 핵전쟁을 배경으로, 전쟁을 피해 피난가던 영국 소년들이 비행기 추락으로 인해 무인도에 불시착하고 겪는 뒤 벌어는 모험이다. 문명과는 전혀 동떨어진 곳에 그림된 소년들이 조금씩 야만인으로 변질되어가는 모습을 매우 사실적으로 묘사했다. 전체적인 이야기 전쟁으로 인해 드러나는 인간의 본성에 대해서 고발하고 있는 책이다.	어려운 상황 속에서 드러나는 인간의 본성에 대해서 살펴보고, 우리 속에 숨겨진 인간의 본성은 어떻게 이해하고 우리는 코로나 생활 속에서 어떠한 인간의 본성을 경험하였는지, 그리고 앞으로 어떻게 행동해야 하는지 토론해보고자 한다.
	기타	**나를 팔로우하지 마세요** (올매 쥬마반 / 뜨인돌출판사)	[9사(일사)02-03] 대중매체와 대중문화의 의미와 특징을 이해하고, 대중문화를 비판적으로 평가하는 태도를 가진다.	열네 살 소녀 비트 매일 아침 카메라를 들이대는 엄마 덕분에 10만 명이 넘는 팔로우를 가진 인스타그램 스타가 되었다. 어느 날 바트 인스타그램 속의 모습과 현실에서의 자신의 모습에 심한 괴리감을 느끼고 한때 비가 되어 6주 동안 팔로우 수를 줄이는데 집중하기로 결심한다. 과연 비트 진정한 자신을 찾을 수 있을까?	우리는 다양한 매체 속에서 여러 사람들을 만나기도 하고 또 새로운 것을 배우기도 한다. 즉, 소설 미디어로 연결되어 서로 안부를 묻기도 하고, 맞춤 해법을 찾을 수도 있다. 만약 다양한 미디어의 소비 및 생산에 직접 참여해 본 경험 어떤 활동을 하고 싶은지, 그리고 미디어의 생산에 참여할 때 미디어를 유용하는 늘 생산자일지 생각해 보는 시간이 되기를 바란다.

9학년 교육과정

학년	영역	선정 도서	교육과정 성취기준	도서 소개	선정 이유
9	문학	우리 고전 소설 한마당 (김사흠, 허문 외/해든아침)	[12문학02-02] 작품을 작가, 사회·문화적 배경, 상호 텍스트성 등 다양한 맥락에서 이해하고 감상한다. [12문학03-04] 한국 문학 작품에 반영된 시대 상황을 이해하고 문학과 역사의 상호 영향 관계를 탐구한다.	고전 문학은 우리 조상들의 삶이 잘 담겨 있다. 이 책은 현존하는 다양한 고전 소설을 특성별로 분류하여 현대의 청소년들이 읽기 편하도록 정리해 놓은 점이 인상적이며, 고전 문학에 부담을 느끼지 않도록 작가와 작품에 대한 소개 및 해설을 붙이고 있다.	문학은 인간의 삶을 반영하고 있다. 조상들의 삶의 모습을 글을 통해 읽어내는 과정이 우리 자신의 모습을 성찰해 보고 우리가 어떻게 살아가야 할지 지침서를 만드는 소중하고 귀한 시간이다. 한문, 국문 등으로 기록된 전문을 읽고 작품 속에 담고자 했던 시대적 상황과 작가의 의도를 이해하고 온고지신의 정신을 되새겨 보고자 한다.
		멋진 신세계 (올더스 헉슬리 /소담 출판사)	[9국05-05] 작품이 창작된 사회·문화적 배경을 바탕으로 작품을 이해한다. [9도04-02] 과학 기술이 현대인의 삶에 미치는 긍정적인 영향과 가치를 설명하고, 동시에 과학 기술이 지닌 문제점과 한계를 열거하며, 과학 기술이 바람직한 활용 방안을 제시할 수 있다.	과학이 고도로 발달해 사회의 모든 면을 관리·통제하고, 인간의 출생과 자유까지 통제하는 미래 문명 세계를 그린 작품이다. 죽음까지도 무의미한 완벽한 유토피아에 어느 날, 신세계와 재래된 보호 구역에서 살고 있던 야인이 존이 초대되고, 처음 보는 놀라운 과학 문명에 경탄하게 된다. 존이 과연 이곳에서 행복을 찾을 수 있을까?	인간성을 상실한 미래 세계를 신랄하게 풍자하는 한편, 신의 영역을 넘보는 인간의 오만함을 경고, 비판하는 충격적인 미래 문명 비판 문학의 고전이다. 이 책을 통해 현대 과학 문명의 발달과 함께 점차 자유와 개성, 도덕성을 상실해가는 오늘날, 무엇이 참된 이상향이며 그곳에 다다르기 위해서 어떻게 해야 하는지 그 해답을 함께 나눠보고자 한다.
	인문/철학	자유론 (존 스튜어트 밀 /책세상)	[9국01-05] 토론에서 타당한 근거를 들어 논박한다. [12고전03-02] 고전을 읽고 공동의 관심사나 현대 사회에 유효한 문제를 중심으로 통합적인 국어 활동을 수행한다.	영국의 철학자이자 경제학자, 사상가이자 대표적인 이 책은 지금으로부터 160년 전에 쓰인 고전으로 현대 우리들에게 자유와 평등이 기본 원칙을 통해 그 해답을 제시한다. 「자유론」에 대한 원전을 해설뿐 아니라, 일의 정치경제 정치활동, 주요 저작 등을 통해 밀의 자유론을 더욱 깊이 이해할 수 있다.	개인의 권리가 잘 보장되기 위해서 어떠한 조건과 원칙이 필요한지 이 책을 통해 자유주의 사상의 대안을 실제로 살펴볼 수 있다. 개인, 사상, 언론, 정부, 사회 등 거의 모든 분야에서 자유가 차지하는 비중과 그 가치, 그리고 보존을 통해 개인의 자아 완성과 자유의 신장을 어떤 방법으로 이룩할 수 있는지를 살펴보고자 한다.

학년	영역	선정 도서	교육과정 성취기준	도서 소개	선정 이유
9	인문/철학	**국가** (플라톤/풀빛)	[9도03-04] 정의로운 국가의 조건을 이해하고 시민이 갖추어야 할 자질이 무엇인지 탐구하는 과정을 통해, 준법 의식과 더 공동체의 일원으로서 책임감 있게 행동할 수 있다.	올바름을 향한 끝없는 대화를 담은 플라톤의 『국가』는 플라톤 철학의 정수를 담은 책으로 그 유명한 동굴의 비유가 포함되어 있다. 소크라테스의 대화법을 통해 하나로 소크라테스의 입을 통해 사람 개개인의 올바름에 대한 탐색으로부터 국가의 올바름에 대한 탐색으로, 다시 국가의 올바름을 사람 개개인의 올바름과 비교해 보는 방식으로 전개된다.	이 작품을 통해 우리는 소크라테스의 대화법을 체험하게 되고, 동굴의 비유로 요약되는 플라톤 철학의 핵심을 파악하게 된다. 일반적으로 이 작품의 원전은 청소년들이 읽어내기 힘들 만큼 학술적인 이해를 요구하지만, 이 책은 원전의 핵심은 충분히 소개하면서 어려운 대목은 잘 요약하여 청소년들이 읽고 소화하기에 충분하다.
		정의란 무엇인가? (마이클 샌델/와이즈베리)	[9도01-02] 도덕적 행동을 위한 도덕적 상상력과 민감성, 도덕적 추론의 과정을 비판적 사고의 역할을 이해하고, 자신의 삶을 도덕적으로 성찰하는 태도를 기를 수 있다. [10통사06-01] 정의가 요청되는 이유를 파악하고, 정의의 의미와 실질적 기준을 탐구한다.	이 책은 하버드 대학교 교수이자 존 롤스의 정의론을 비판한 정치 철학가 마이클 샌델이 대표작이다. 샌델 교수가 실제 하버드에서 강의한 수업 'Justice(정의)'를 바탕으로 쓴 책으로 구제, 공명, 모병제, 대리 출산과 같은 현실 문제를 비롯하여 사람의 경로를 이탈한 전차, 고통에 대가를 계산하는 시험과 같은 사고 실험을 주제로 삼고 있다.	'정의'란 과거부터 오늘날에 이르기까지 매우 중요한 개념이다. 이 책에서는 벤담과 밀이 정의에 대해 생각한 그 한계점은 무엇인지, 그리고 다양한 딜레마 상황에서 진정한 정의로움이란 어떤 것인지를 심층적으로 해 준다. 책 속의 문제에 대해 토론하고 자신의 견해를 보면서 정의에 대한 자신의 생각을 수정하고 바로잡는 기회를 가져 보고자 한다.
	사회	**쉽게 읽는 백범일지** (김구/돌베개)	[10국02-01] 읽기는 읽기를 통해 서로 영향을 주고받으며 소통하는 사회적 상호 작용임을 이해하고 글을 읽는다. [10한사04-01] 8.15 광복 이후의 정치적 상황을 세계 냉전 체제 형성과 관련하여 살펴보고, 통일 정부 수립을 위한 노력을 이해한다.	이 책은 백범 김구를 생생하게 이해할 수 있는 책으로, 기존의 『백범일지』의 중복 내용을 과감히 줄이고 많은 사진과 지도를 활용한 엄선한 『쉽게 읽는 백범일지』의 청소년 지도본이다. 100장이 넘는 사진과 상세한 지도를 통해 백범을 이해할 수 있으며, 백범이 내면 변화와 성장이 이 책 한 권으로 이해하고 역동적으로 실감할 수 있다.	민족 운동과 건국 운동으로 분주한 중에도 백범 김구 선생이 손수 기록한 일상을 통해 백범의 당시 생애와 시대의 흐름을 이해할 수 있는 책이다. 이를 통해 백범의 민주적 위인의 면모를 살펴보고, 인물이 내면 변화와 성장이 있는 청소년 개개인의 삶의 발전을 이끄는 운동력으로 작용하기를 바란다.

학년	영역	선정 도서	교육과정 성취기준	도서 소개	선정 이유
9	과학	**침묵의 봄** (레이첼 카슨/에코리브르)	[9과03-03] 생물다양성 보전의 필요성을 이해하고, 생물다양성 유지를 위한 활동 사례를 조사하여 발표할 수 있다.	저자 레이첼 카슨은 이 책에서 생생한 사례를 통해 과학 기술의 위험성에 대해 경각심을 일깨우고 살아있는 생물들이 스스로의 힘을 통해 생태계를 보전할 수 있도록 제안하고 있다. 무분별한 과학 기술의 남용이 봄이 와도 새가 울지 않고 찾아오는 사람 없이 한 일꾼만이 침묵의 마을을 만드는 것은 아닌지 생각해 보게 한다.	국가 교육과정에서는 생태계와 환경을 중요한 주제로 다루고 있다. 이번 활동을 통해 대하 진실을 위한 지식을 넘어서 과학 기술에 대한 편견에서 명분없이 제기되는 문제들에 대해 해결을 위한 주체가 되어 함께 고민하고, 문제 해결을 위한 실천에 참여하는 '행동하는 시민'에 대해 이야기해 볼 수 있는 기회가 될 수 있을 것이다.
		공학의 눈으로 미래를 설계하라 (연세대 공과대학/해냄)	[9과07-02] 현대 사회의 다양한 직업과 과학과 어떤 관련성이 있는지 예를 들어 설명하고, 미래 사회에서의 직업의 변화를 토의할 수 있다.	연세대학교 공과대학 교수들이 '세상을 바꾸는 공학의 미래 기술과 우리의 내일'에 대한 생각을 한데 모은 책이다. 전기 전자공학부터 컴퓨터 과학 및 산업공학에 이르기까지 117개 전공의 교수 22명이 각자 자신의 영역에서 공학이 무엇에 관심을 갖는지, 사회가 던진 질문들에 어떻게 응답하는지, 그리고 각 분야의 미래 과제는 무엇인지에 대한 다양한 미래 기술을 통해 설명했다.	분야별 전문 기술을 다루면서도 비전공자 혹은 이제 막 공학에 깊이 접하는 사람들이 생활과 연결 지어 흥미롭게 이해하며 나갈 수 있도록 구성했다. 특히 각 공학이 다양한 분야를 단순히 전공별로 분류하지 않고 '연결', '지능', '혁신', '새로운 관점', '고찰' 등이 키워드로 묶여 다층적인 시각에서 공학의 주제를 느낄 수 있다.
	기타	**미디어 리터러시 쫌 아는 10대** (금준경/풀빛)	[12언매03-01] 매체의 특성에 따라 정보가 구성되고 유통되는 방식을 알고 이를 의사소통에 활용한다. [12언매03-06] 매체를 바탕으로 하여 형성되는 문화에 대해 비판적으로 이해하고 주체적으로 향유한다.	이 책은 청소년 눈높이에서 청소년의 관심 기울만한 소재를 가지고 미디어에 대한 전반적인 이해를 돕는 리터러시를 기르기 위한 방법적인 초점을 두고 내용을 꾸렸다. 가짜 뉴스 현상을 이해하기 위해 지금, 뉴스를 보는 눈을 기르기 위해 좋은 뉴스를 선별하는 기준을 제시하고 가짜 뉴스와 진짜 뉴스를 가려내 좋은 뉴스를 골라 읽는 방법을 소개한다.	인터넷과 스마트폰이 일상화 되어 있는 우리는 미디어를 통해 세상과 매순간 만난다. 그러나 최근 들어 '짱' 자체가 왜곡되어 그것을 통해 들여다보는 세상이 어그러져 보이는 경우가 많아지고 있다. 이 책을 통해 미디어 정보 상황에서 미디어를 이해하고 비판하는 능력이 미디어에 대한 비평 역할을 기를 수 있다.

학년	영역	선정 도서	교육과정 성취기준	도서 소개	선정 이유
9	기타	내 손 안의 인문학, 꿈의 문 (조선우/책읽는거족)	[9국05-09] 자신의 가치 있는 경험을 개성적인 발상과 표현으로 형상화한다.	철학과 철학자들을 친근하게 생각하고 우리 삶의 근원적 질문을 던져보는 데에 그 의미를 두고 있다. 즉 철학의 가장 기본적인 '나는 누구인가', '우리는 어디에서 와서 또 어디로 가는가'에 대한 질문을 상기시킨다. 철학은 해답이 아니라 질문을 먼저 얻기 위해 우리가 그 문을 열고 들어가야 하는 것이다.	철학의 가장 기본적인 질문인 '나는 누구인가', '우리는 어디에서 와서 또 어디로 가는가'에 대한 질문 및 해답을 적극적으로 구해봄과 인간의 본질적 의미에 대해 탐구해 보고자 한다.

10학년 교육과정

학년	영역	선정 도서	교육과정 성취기준	도서 소개	선정 이유
10	문학	일리아스 (호메로스/도서출판 숲)	[12문학01-01] 문학이 인간과 세계에 대한 이해를 돕고, 삶의 의미를 깨닫게 하며, 정서적·미적으로 삶을 고양함을 이해한다.	그리스 문화의 원형이자 서양 정신의 출발점인 호메로스의 대표작으로 그리스 문화이 전하는 가장 오래된 작품이자 유럽 문학, 더 나아가 세계 문학의 효시이다. 신의 뜻에 따라 트로이 전쟁을 수행하는 그리스군과 트로이군의 비극적인 운명, 즉 전쟁과 죽음과 삶에 대한 인간의 통찰을 1만 5693행에 담고 있다.	『일리아스』는 인류 문화의 출발이자 고대 그리스인들이 추구한 덕목이 보고로 역사 이래 모든 시대의 문학 작품도 많았다. 이런 점에서 문학적 성서(聖書)라 할만하다. 또한 인간이 바람직한 품성, 용기, 관용, 우정, 정의들 각 인물로 형상화하여 삶에서 추구해야 할 덕목을 자연스럽게 성찰하게 만든다.

학년	영역	선정 도서	교육과정 성취기준	도서 소개	선정 이유
10	문학	**페스트** (알베르 까뮈/민음사)	[12문학02-02] 작품을 작가, 사회·문화적 배경, 상호 텍스트성 등 다양한 맥락에서 이해하고 감상한다. [12독서02-05] 글에서 자신과 사회의 문제를 해결하는 방법이나 필자의 생각에 대한 대안을 찾으며 창의적으로 읽는다.	전염병 '페스트'의 비극적인 운명과 대결하는 인간의 모습을 그린 내용으로 전염병이 휩쓴 폐쇄된 도시에서 재앙에 대응하는 사람들이 자기 다운 모습이 묘사된다. 이 책은 진출하는 현실마저 죽음 앞에서도 결코 희망을 잃지 않는 것이 부조리한 세상에 대한 진정한 반항이며 현실과 대결하는 동시대 인간의 공감대를 이끌어 내는 힘임을 보여준다.	소설 「페스트」작품 속 배경이 코로나19 팬데믹 상황이라는 현재 시대적 배경과 유사하다. 전염병으로 인한 생존의 절망과 위기감 공통점이 있는 글로벌 사회문화적 상황에서 인간의 대처 방법과 태도는 무엇보다 중요하다. 나아가 공포와 죽음, 경제적 침체로 인한 반부작자와 사회적 갈등 문제를 풀어나가는 희망이 해답을 이 책을 통해서 찾고자 한다.
	인문/철학	**사피엔스** (유발 하라리/김영사)	[12철학03-03] 과거는 지나간 것이 아니라 현재에 삶을 새롭게 규정하는 것임을 깨닫고, 이러한 역사의 규정 조건을 이해하는 것이 자기 이해와 자기 삶의 기반이 됨을 성찰한다.	「사피엔스」는 현재까지의 기술 발전에 근거하여 우리에게 다가올 미래에 대해 어떤 전망이 있는지 질문을 던진다. 기술 발달은 모두에게 공평한 것은 아니다. 부자들은 영원히 살고, 가난한 사람들은 죽는 세상이 온 도래할 수도 있다. 하지만 저자는 행복에 대한 연구를 시작한 것은 얼마 되지 않았고, 행복에 대한 가능성 역시 더 많이 열려 있다고 말하며, 일말의 여지를 남긴다.	저자는 호모 사피엔스라고 하는 종이 지구를 지배하게 된 역사를 광범한 시간과 흥미롭고 노쟁적인 방식으로 소개하며, 현재 인류가 당면한 기후변화, 반부작지, 환경 파괴 과도한 전쟁과 문제가 사피엔스 종의 과도한 활동이 몰고 온 결과라고 진단한다. 이 책을 통해 우리는 현재의 생활 방식을 돌아보고 미래를 위한 창의적이고 적극적인 해법을 추구하고자 한다.
		청소년을 위한 논어 (공자/두리미디어)	[12고전04-01] 고전 읽기와 생활화를 통해 바람직한 삶에 대해 탐구하고 인성을 함양한다.	논어는 2500여 년 전 기록으로 오랜 시간 동안 인류에 영향을 미쳤다. 첨단 과학 시대에 도리어 유학이 주목받고 있으며 고전이라 가치있고 육에서는 가장 뛰어난 고전이라 평가받고 있다. '청소년을 위한 논어'는 청소년들이 읽기 쉽도록 편집되어 재미있게 읽을 수 있을 것이다.	우리는 사람답고 삶과 행복한 미래 사회를 준비하기 위해서 고전을 읽어야 한다. 읽기 어려운 면도 있지만 짧은 문구이 안내를 통해 공자의 행동과 사상, 당시의 일상을 알아보고자 유도 통해 무엇이 사회를 올바르게 이끌고 유지하는지, 행복한 공동체를 위해 어떻게 살아야 하는지를 깨달을 수 있을 것이다.

학년	영역	선정 도서	교육과정 성취기준	도서 소개	선정 이유
10	사회	**역사란 무엇인가** (E. H. 카/까치글방)	[12사문03-02] 사회·문화 분야의 글을 읽으며 제재에 담긴 사회적 요구와 신념, 사회적 현상의 특성, 역사적 인물 등을 비판적으로 사회·문화적 맥락 등을 비판적으로 이해한다. [10한사01-01] 역사란 무엇인지 그 의미를 알고, 과거를 현재의 삶과 관련지어 인식함으로써 역사를 학습하는 목적을 이해한다.	역사는 역사가가 몸 담고 있는 사회와 시대를 반영하는 것으로, 역사 해석은 불변의 객관적 사실을 밝혀내는 것이 아니라 역사가가 그 사실적 무게를 수용하느냐에 따라 달라지며, 과거와 현재의 끊임없는 대화이다. 이러한 역사관을 바탕으로, 카는 프랑스 혁명 이후의 세계사를 이성과 진보의 과정으로 파악하였고, 이는 전 세계 역사학계에 적지 않은 영향을 미쳤다.	역사는 '사실'을 그대로 기록한 것이 아니라 역사가가 사료를 선택하고 해석한 것이라는 것을 알고, 카가 '미래에도 인간이 역사는 더욱 합리적인 방향으로 변화하고 진보할 것이라고 하였듯이 이 책을 통해 청소년들이 역사적 상상력을 통해 과거 역사를 복원하고, 새롭게 미래를 만들어 가는 지혜를 얻기 바란다.
	사회	**작은 것이 아름답다** (E. F. 슈마허/문예출판사)	[9사(지리)12-02] 다양한 자료를 통해 지역별로 발전 수준이 어떻게 다른지 파악하고, 지역의 발전 문제를 해결하기 위한 노력을 조사한다.	이 책은 지나친 낙관주의를 경계하며 기술의 발전 방향이 '인간의 얼굴'을 해야 한다고 주장한다. 생태계를 배려하고 비용이 들지 않는 기술을 뜻하는 중간 기술을 통해 기술의 발전에 따른 불평등을 해결할 수 있는 열쇠가 될 수 있음을 알려준다.	이 책을 읽고 우리 청소년들이 성장 지상주의에 대한 성찰과 반성의 근거를 찾는 것이 무엇인지 토론해 보며, 거대 과학 시대에 현실적인 대안을 마련할 수 있게 한다.
	과학	**과학에 대한 새로운 관점 과학혁명의 구조** (김동광/미래엔아이세움)	[12과사04-03] 현대 사회의 과학과 기술, 사회의 관련성에 대해서 토의할 수 있다.	이 책은 토마스 쿤의 혁명적 과학 고전 「과학혁명의 구조」를 이해하기 쉽게 소개한 책으로 어떤 특정 관점의 과학자나 과학 철학에 국한하지 않고, 쿤의 사상과 개념이 오늘날 과학에 대한 인식에 어떤 변화를 낳았고, 그것이 오늘날 과학에 주는 실천적 영향을 주었는지 살피는 것으로 내용을 구성하고 있다.	저자는 쿤의 생각과 그의 문제 제기는 오늘날 우리에게 시사하는 바가 크다고 말한다. "그의 문제 제기는 오늘날 우리에게 필요한 것이 과학에 대한 당위적 신념이 아니라 과학이 실제로 어떻게 작동하는지 이해하는 것임을 시사해 준다."라는 저자의 말을 따라가며 과학이 이루어지는 것이 아니라 혁명을 통해 발전하는 것임을 깨달을 수 있다.

학년	영역	선정 도서	교육과정 성취기준	도서 소개	선정 이유
10	과학	**열두 발자국** (정재승/어크로스)	[12독서03-03] 과학·기술 분야의 글을 읽으며 담긴 지식과 정보의 객관성, 논거의 입증 과정과 타당성, 과학적 원리의 응용과 한계 등을 비판적으로 이해한다. [10통과05-02] 생명 시스템 유지에 필요한 화학 반응에서 생체 촉매의 역할을 이해하고, 일상생활에서 생체 촉매를 이용하는 사례를 조사하여 발표할 수 있다.	카이스트 정재승 교수의 강연 중 가장 많은 호응을 받았던 12개의 강연을 선별하여 다시 집필하여 묶은 책으로 처음에 보이는 마흔의 지성의 성찰이 어느새 가슴 떨리는 삶의 통찰로 바뀌는 이야기들을 담고 있다. 더 나은 선택, 더 나은 미래를 위해 고군분투하고 있는 청춘들과 이 땅의 리더들에게 주는 뇌과학의 지혜와 통찰이 가득하다.	이 책은 신기한 과학 상식을 나열하는 책이 아니다. 그 지식이 삶을 위한 지혜가 되고 세상을 해쳐 나가기 위한 통찰이 되는 것을 목표로 하고 있다. 딱딱한 과학적 지식을 일상의 언어로 전달한다. 더 나은 삶을 위한 뇌과학자의 인생 특강을 통해 '청ّعينيرٌ'의 학습에 의해 증진된다는 저자의 믿음을 확인해 볼 수 있다.
10	과학	**2050 에너지 레볼루션** (김기현, 천영호/라온북)	[12용과06-09] 태양 전지, 연료전지, 하이브리드 기술은 환경적 관점에서 필요하다는 것을 논증할 수 있다.	자원공학(석유개발), 유전, 가스전 사업 투자 등 에너지 관련 기업에서 25년 이상 근무한 저자의 역량만큼이나 구체적인 데이터를 바탕으로 에너지 전환의 방법들을 상세하게 설명하고 있는 도서이다.	에너지 전환은 기후 위기, 생태계 파괴, 물 부족, 식량 위기, 전기차 등 모든 것들과 연결되어 있다. 이에 세계 각국이 정부의 주도별 기업들은 각자의 역할만큼이나 각국에서 해야 할 법규나 제도 관련 정책들을 시행하고 있다. 우리 모두는 기후 위기와 에너지 전환이 우리의 미래에 가져올 위험성을 인식하며 새로운 기회를 찾고 우리의 삶을 바꿔야 한다.
10	기타	**한국음악 한국인의 마음** (현명희/열화당)	[12독서03-01] 인문·예술 분야의 글을 읽으며 담긴 인문학적 세계관, 예술과 삶의 문제를 대하는 인간의 태도, 인간에 대한 성찰 등을 비판적으로 이해한다. [12갑편02-01] 음악과 관련한 다양한 가치를 비판적 사고를 바탕으로 해석하고 평가한다.	이 책은 한국 전통 음악의 특징을 짚어보고, 전통문화의 체질, 한국인의 심성과 연계해서 설명한다. 또한 서양 음악과는 어떤 차이가 있는지도 살핀다. 즉 한국적 정서를 담고 있는 어린양을 시작으로 한국 전통 음악 속에 특징, 음 사이의 여백, 악기 배치와 오음계 속의 사상 등 열여섯 가지 테마로 이야기를 전개하고 있다.	K-pop이 전 세계를 휩쓸고 있다. 세계인이 열광하는 한국의 음악, 영화 등이 그들을 감동하게 하는 근저에는 무엇이 있길래 그럴까? 한국의 전통 음악에 내재해 있던 요소들이 표출된 결과는 이닐까? 현대적으로 한국 전통을 계승하고 발전시키려는 의지와 한국인의 노력을 살펴보고자 한다.

코로나가 끝없이 확산되고 있는 지금 우리에게 어떤 어려움이 있습니까? 어떤 두려움이 있습니까? 우리나라는 어떻게 해야 나라다울까요? 우리 모두 주인의식으로 긍정의 물맷돌을 지니고 이겨나가야 합니다. 미래지향 행복한 독서 교육으로 우리나라를 살려야 합니다.

우리 주변엔 이웃과 인류를 살리는 길을 선택하는 사람이 있고 죽이는 길을 선택하는 사람이 있습니다. 건설하는 사람이 있고 파괴하는 사람이 있습니다. 세워주는 사람이 있고 무너지게 하는 사람이 있습니다. 되게 하는 사람이 있고 안 되게 하는 사람들이 있습니다.

(사)전국독서새물결모임에서 곧 독서 전문 대안학교인 미네르바 독서학교를 개교합니다. 미네르바 독서학교는 학생 개별 맞춤형 독서 교육과정을 개발하여 예측 불가한 미래 사회에도 행복한 진로를 설계하고 추진할 수 있도록 디자인하였습니다. 학생들이 대상 도서를 읽으며 자연스레 이웃과 인류를 위한 진로를 설계할 수 있는 마을 독서학교로 출발합니다.

제2장
교육으로 세상에 말 걸기

독서 에세이

독서 교육의 새로운 패러다임

2004년 1월 1일

독서는 모든 학습의 시작이면서 인성과 창의성 함양의 핵심 기제라고 할 수 있다. 학창 시절이나 사회에 진출한 후에도 독서하는 습관은 개인의 역량과 경쟁력 확보에 매우 중요한 요소이다.

독서를 통해 길러진 독해 능력이 학교 교육에서 학생의 학업 성취 및 창의·인성 형성에 영향을 미친다. 직장 생활에서도 독서 습관은 변화하는 사회에 경쟁력을 갖춘 학습하는 개인, 적응·발전하는 개인을 만들게 한다. 이러한 독서 습관은 초·중·고등학교 교육을 통해 꾸준하게 형성하는 노력이 필요하다.

기술의 발전이 서서히 이루어지고 한정된 지식만이 요구되는 산업사회와 달리, 현대사회는 지식과 기술이 중요한 재화로 부각되고 이들의 발전이 급속히 이루어지며, 새로운 지식의 출현으로 평생교육이 요구되는 사회이다. 이와 동시에 교육도 입시 위주의 수동적 교육에서 창의·인성을 겸비한 자기 주도적 인재 교육으로 패러다임이 변화하고 있다. 이러한 변화는 독서 교육에서도 적용되어야 한다.

첫째, 즐기면서 읽을 수 있고 스스로 계획을 수립하여 독서를 할 수 있는 자기 주도 독서로의 전환이 필요하다. 자기 주도 독서라고 해서 읽고 싶은 책만 읽는다는 것은 아니다. 다양한 장르의 책을 다양하게 읽으면서 독서 가치관도 세울 수 있어야 한다. 또한 비계획적이고 주입식이 아닌 학생 스스로 책을 읽어갈 수 있는 독서 계획을 수립하고 이를 수행할 수 있는 역량을 키워나갈 수 있어야 한다.

이를 위해 진로독서 동아리 활동 등 다양한 동아리 활동에 대한 관련 기관의 체계적인 지원도 필요하다. 최근 우리 지역 청소년들을 대상으로 인문학 읽기 지도를 하면서 관련 기관의 지원이 있으면 좀 더 많은 학생들에게 독서 교육 기회를 확대할 수 있겠다는 생각을 해보았다.

둘째, 독서 습관 형성 및 효과 제고를 위해서는 정규 교육과정과 연계한 교과 독서체제로의 전환이 필요하다. 방과 후에 별도의 프로그램을 가지고 독서를 하는 분리적 시스템에서 정규 수업과 연계되는 교육과정 속에서 독서를 할 수 있는 시스템으로의 전환이 필요하다.

학교에서는 교과 및 진로와 연계하여 학생의 특기나 적성, 관심 분야를 파악하고 이를 계발할 수 있는 다양한 영역의 도서 목록을 제시하고 학생 맞춤형으로 추천하는 등 개별 학생 독서 지원도 맞춤형으로 이루어져야 한다. 이러한 교과연계 독서 교육은 최근 학교 현장의 주목을 받고 있는 융합 교육을 제대로 적용할 수 있을 것이다.

셋째, 미래 사회에 창조적으로 적응하기 위해 진로 연계 독서 교육이 필요하다. 요즘 교육계의 화두는 진로 교육이다. 이런 진로 교육을 구체화하고 체계적으로 적용하기 위해서는 독서 교육과 연계하는 것이 바람직하다. 이를 위해 필자가 활동하고 있는 (사)전국독서새물결모임에서는 3개년 목표로 진로독서 연구 활동을 전개하여 내년에는 '진로독서 단행본'을 직업군별로 출간하려고 한다. 사회 변화가 복잡하고 빨라지면서 직업 세계의 변동 또한 하루가 다르게 심화되고 있다.

이에 따라 진로독서 교육은 더욱 강조되고 있으며, 사회적으로 공감대를 얻고 있다. 학교 교육에서도 이러한 사회 변화에 부응하여 현재 '진로와 직업' 교과를 중학교에서 운영하고 있다. 또한 진로 진학 상담 교사가 중·고등학교에 배치되기 시작하여 내년까지 모든 학교에 한 명씩의 전담교사가 배치될 예정이다.

이러한 새로운 독서 교육의 인식 전환은 독서 토론 활동을 통해 실현이 가능하다. 우선 독서 토론은 그 자체가 즐거운 교육 활동이 된다. 8년 동안 주말독서학교를 운영하면서 눈빛을 반짝반짝하며 미소를 머금고 즐거워하던 학생들의 모습이 눈에 선하다. 『상록수』의 마지막 수업 장면처럼 우리 학생들은 독서 토론의 재미에 흠뻑 빠져들었다.

이러한 독서 토론은 자기도 모르는 사이에 자기 주도 독서를 가능하게 하였으며 교과와 연계한 독서 활동을 전개할 수 있었다. 때로는 독서 토론을 하면서 자신의 진로를 얘기할 때는 나만이 느낄 수 있는 행복에 그저 감사하고 감사하였다.

서울대가 뭐길래

2004년 12월 20일

일전에 YBN 영서방송에서 원주지역 고교평준화와 관련한 인터뷰를 원해 평소 생각한 얘기를 한 적이 있었다. 대담의 요지는, 내년에 고등학생이 되는 지금의 중3 학생들이 우리 지역에서 현재와 같은 비평준화가 대학 진학에 유리한지 아니면 평준화로 가야 유리한 것인지 하는 것이었다. 주지하는 것처럼 교육인적자원부에서는 내년에 고등학교에 진학하는 학생들이 졸업하는 오는 2008학년도부터 대학 진학을 내신 성적 위주로 선발하며, 독서 활동과 그 능력을 대학 진학에 반영하겠다고 밝혔다. 따라서 당초 비평준화의 취지와는 무색하게 성적순으로 일부 공립 고등학교로 상위권 학생들을 모으는 지금과 같은 고입제도로는 우리 지역 학생들이 대학 진학에 실패할 수 있다는 진단이 나오고 있다. 만약 고등학교 졸업이 최종 학력이라면 모르겠으나 일반적으로 고등학교는 대학교나 대학원을 준비하는 과정으로 볼 수 있는데, 지금과 같은 비평준화로서는 우리 지역 학생들이 상위권 대학 진학에 실패할 수밖에 없다는 위기감 속에서, 비평준화를 지지했던 분들이 도리어 평준화로 가야 한다고 말하고 있기도 하다.

이러한 분위기 속에서 지난 16일 서울대학교 수시 모집 최종 합격자 명단이 발표되었다. 다행히 우리 학교 이장수 군이 원주에서는 유일하게 서울대학교 독문과에 최종 합격하여 모두들 기쁜 마음으로 하루를 보냈다. 필자도 이 군의 독서 과목 교과 담임으로 학생의 언어 영역과 논술력, 발표력을 지도하면서 기쁜 마음을 함께 나눌 수가 있었다. 또 다른 한 학생은 16일 발표된 서강대학교에 최종 합격하면서 우리 3학년 교무실은 덕담으로 기쁜 하루를 보냈다. 그런데 위 학생들이 3년 전에 우리 학교로 진학하던 때, 이들의 성적은 세칭 명문고라고 하던 어느 특정 학교에 진학했을 시 두 명 모두 그 학교에 입학할 수도 없을 정도인 300등 밖을 벗어나는 그런 성적의 학생들이었다. 그러나 이들이 우리 고등학교에 진학한 후 열심히 공부하여 어느 특정 학교의 학생보다 상대적으로 좋은 내신 성적을 받을 수 있었고, 그 결과 오늘의 영광을 얻은 것이라 믿어진다.

그러나 서울대학교가 고교 교육의 중심에 서 있고, EBS 방송국이 우리 교육을 지배하는 이러한 우리 교육은 속히 바로잡아야 한다고 생각한다. 고교 교육에서 서울대학교 진학보다 더 중요한 것은 한 사람의 전인 인격체로 우리 학생들을 양육하는 일인 것이다. 정상적인 교육 활동 속에 독서 활동과 체험 활동, 탐구 활동, 봉사 활동 등이 어우러진 멋진 고교 교육을 만들어야 하는 것이다. 그래서 남 위에 군림하여 남을 지배하는 '인재'가 아니라 남을 섬기고 이웃과 인류를 위해 헌신할 수 있는 그런 '인재'를 키워내야 하는 것이다.

지금 고3 담임으로 대입 진학 상담을 하다 밤늦게 이 글을 쓰고 있다. 오늘도 우리 학생들과 대학 원서를 쓰기 위한 진학 상담을 하면서 그들에게 먼저 "너는 커서 무엇이 되고 싶니?" 하고 물어보았다. 우리 학생들이 그동안 무엇 때문에 공부하여 왔고, 커서 무엇이 되어 어떤 삶을 살아야 하는가 하는 의식이 부족함을 다시 한번 확인할 수 있었다. 그들에게는 오로지 점수에 따라 좀 더 나은 대학에 가려는 열망만 있었다. 서울대학교를 가야 하고 좀 더 나은 대학을 가야 하는 강박관념에 사로잡혀 있는 것이었다. 이런 면에서 학부모나 우리 교사들도 같은 죄를 짓고 있다. 이제는 우리 모두 점수로 인생을 결정하거나 성적 우상에 빠져 인성 교육이 뒷전에 밀리고, 왜 대학에 진학해야 하고 어떻게 살아야 하는지 모르는 현재와 같은 교육 현실을 바로잡아야 하겠다.

빼빼로데이에 가려진 책의 날

2004년 11월 15일

어제 아침이었다. 학교에 출근하자 선생님들 자리마다 빼빼로가 놓여 있었다. 어제는 독서운동 단체 등에서 '책의 날'로 정한 날로, 우리 학교 어머니독서회인 '참빛 독서클럽'의 독서 토론이 있는 날이기도 하여 누가 빼빼로(?)를 선물한 모양이었다. 글쎄, 매년 11월 11일은 '책의 날'인지 아는 사람이 얼마나 있을지 속상한 마음에 빼빼로데이에 밀린 현실을 자위하는 말로써, 속히 독서클럽별 독서 토론이 이루어지는 날이 되었으면 좋겠다.

독서클럽이란 5명에서 8명 단위의 구성원들이 소집단을 구성하여 직접 책을 선정하고, 자율적인 방법으로 책을 읽은 뒤, 정기적으로 토의 모임을 가지는 활동이다. 이러한 형태의 독서클럽은 학교를 중심으로 활동이 구조화되고 정기적으로 이루어지며 실제 수업 시간에 적용되는 학교 독서클럽이 있고, 시민 사회를 중심으로 활동하며 일반인들이 독서문화 형성과 확산을 위해 사회 운동의 차원으로 이루어지는 사회 독서클럽이 있다. 이 독서클럽은 필자가 강조하는 작은 도서관 운동과 연계되어, 이제 우리 지역도 마을 마을마다 작은 도서관이 생겨 오가다 들러 책을 읽는 독서문화가 형성되었으면 좋겠고, 마을 단위든 직장 단위든 취미나 활동 단위로 독서클럽이 조직되고 운영되어 우리 원주가 독서하는 문화도시가 되었으면 한다.

이러한 소망이 결실을 맺어 이번에 우리 원주에서 '한 도시 한 책 읽기'

운동이 펼쳐지게 되었다. 지난 9월 15일 도서 선정 선포식을 시작으로 우리 원주는 지금 온 시민이 독서 중에 있는 것이다. 이 운동은 두 가지가 중요한데, 첫째는 대상 도서를 잘 정하는 것이고, 둘째는 그 대상 도서를 시민들이 같이 읽고 독서 토론까지 이어져 내면화되고 그 정신이 삶 속에 나타나게 하는 것이다. 이런 취지에서 어제 우리 학교 어머니 독서클럽인 '참빛 독서클럽' 독서 토론 모임을 갖게 되었다. 우리 학교 어머니회 회장을 포함해 모두 14명의 어머님들이 참석하셔서 함께 읽은 『좁쌀 한 알』로 이야기식 독서 토론 모형의 3단계에 따라 독서 토론을 실시하였다.

먼저 1단계 배경지식과 관련한 토론의 발문으르 1-1) 우리가 살고 있는 원주 하면 떠오르는 것으로 무엇이 있는가? 1-2) 보통 한 세대를 30년이라 하는데, 30년 후의 원주가 어떤 도시가 되었으면 좋겠는가?에 대해 서로의 의견을 나눠보았다. 우리 학생들에게 위 발문을 물어보았을 때에는 원주 하면 먼저 떠오르는 것은 '원주 TG' 또는 '농구' 등으로 답한 학생이 많았는데 어머님들은 '한지'나 '한지 문화제' 또는 '옻공예' 등으로 답해 묘한 대조를 이루었다.

이어 2단계로 책의 본문 내용과 관련한 발문으로는 43쪽의 '인물론'에 대해 토론해 보았다. 정말 이제는 우리도 남을 지배하는 인물이 아니라 남을 섬기는 인물로 인물관을 바꿨으면 한다. 이어 259쪽의 '군고구마'에 대해 서로 얘기를 나눌 수가 있었다. 발문으로 13-1) 장일순은 군고구마 장수의 글씨를 정말 잘 쓴 글씨라 하였다. 여러분의 생각은 어떠한가? 왜 그렇게 생각하는가? 등에 대해 의견을 나눠보았다. 우리 진광고등학교의 교명 '眞光'의 眞을 자세히 보면 참 진 자의 진(眞)에 십 자가(†)가 들어가는 글자의 형상이다. 전문적인 서예가의 글솜씨이자 우리 학교의 설립 방향이 묻어 있는 글씨체이기도 하다. 그런데 이 글자를 쓰신 장일순 선생님이 어느 날 시내 군고구마 장수의 '군고구마 팝니다'란 글씨에 감탄하며 바로 저런 생활 속의 글씨가 참 글씨라고 가르치시는 대목이 나온다. 참여한 여러 어머님들께서도 '군고구마' 글씨는 그 장수가 생계를 걸고 최선을 다한 글씨이므로 자신들도 장일순 선생님의 의견에 동의한다고 반응하였다. 그래서 우리 원주에서 이 책 읽기 운동의 일환으로 '생활 글씨 전시회'를 해 보는 것도 좋겠다는 제안을 하기도 했다.

3단계, 책과 관련된 인간 삶이나 사회 문제와 관련된 발문으로는 지역 감정에 대해 토론해 보았다. 65쪽의 '전라도'라는 소제목의 내용으로 우리나라가 남북이 갈린 것도 속상한데 동서가 다시 갈리고, 서울의 강남과 강북이 나뉘고 수도권과 충청권이 갈리고, 우리 강원도도 영동과 영서로 갈리는 지역 갈등에 대해 토론해 보았다.

토론을 마친 후에 소감을 여쭤보았더니 생각보다 어렵지 않고 재미있기도 하고 유익하기도 하다면서 앞으로도 계속 독서 토론회를 하였으면 좋겠다는 반응이었다. 원주 '한 도시 한 책 읽기' 운동의 결실을 보는 것 같아 피곤한 심신이 새 힘을 얻을 수 있었다. 이제 우리 원주부터 매월 11일은 '가정의 책 읽는 날'로 정하고, 매년 11월 11일은 '원주 책 읽는 날'로 정해 '빼빼로데이'라는 상술을 이기고 독서문화 도시로 가꿔나갔으면 한다.

아침 독서편지

우리 법인은 학교 독서 교육의 정착과 사회 독서문화의 확산을 위해 다양한 연구와 교사 연수, 학생 캠프, 학부모 연수 등을 실천하고 있었습니다. 어느 한 해 연구자들이 회원들에게 아침마다 독서편지를 배달해 드리면 학교 수업 중에도 활용하고 필자나 독자로 독서편지로 하루를 행복하게 시작할 수 있을 것이라 제안하였습니다. 1년 동안의 연구와 시범 집필 등을 거쳐 2011년 1학기 시작과 함께 아침 독서편지의 홈페이지 회원 메일 발송 작업을 시작했습니다. 때로 인터넷 신문과 제휴하여 신문을 통해 소개하기도 하였습니다. 금년까지 12년 동안 쉬지 않고 달려왔네요.

아침 독서편지는 우리 법인 회원 선생님들께서 수업마다 활용하시는 매우 귀한 교육자료가 되기도 하였습니다. 어떤 분은 학교 홈페이지에 연중 게재하여 학생 지도에 활용하셨다고 합니다. 최근에는 유튜브 독서새물결 채널을 통해 학생들의 눈높이에 맞춰 영상 독서편지로 만들어 보여드리고 있습니다. 수업 시작하실 때 활용하시는 분들도 많으십니다.

원주 독서학교에서도 학생 수업 카톡방에 아침 독서편지를 탑재하여 학생들의 책 읽기 교육에 동기를 제공하고 있습니다. 가끔씩 수업 중에 아침 독서편지로 수업을 시작하곤 했습니다.

이중 제가 쓴 몇 편을 소개해 봅니다.

아침 독서편지 2011년 3월 14일 (월)

아침 독서편지를 시작하며

우리 시대의 리더십 여러분, 요즘 어떤 책을 읽고 계시나요? 저는 최근, 조지 오웰의 『동물농장』을 다시 읽어보게 되었습니다. 그리고 두 주인공을 통해 다시 한번 우리 시대의 리더십에 대해 생각해 보았습니다.

우리 시대의 지도자는 무엇보다 겸손해야 합니다. 『동물농장』을 보면 나폴레옹이 정권을 잡은 후 맛있는 우유와 사과를 자신들이 독점하지요. 훌륭한 지도자는 이런 특권 의식을 버려야 합니다. 그리고 위대한 리더십은 상대방의 말을 잘 듣는 데서 출발합니다. 상대방을 포용하며, 국민에게 꿈을 심어줄 수 있어야 합니다.

동서고금을 막론하고 책은 위대한 사람을 만들어 냈습니다. 한 권 책을 통해 진정한 리더십을 갖춘 인물들이 우리 주변에 많아졌으면 합니다. 오늘 일본의 비극을 통해 질서의 리더십도 배우게 됩니다. 일본이 대지진과 쓰나미, 방사선 누출의 위기를 슬기롭게 극복해 나갈 것을 기대합니다.

오늘 아침에 처음으로 일본을 위해 기도해 봅니다.

아침 독서편지 2011년 3월 28일 (월)

『세 왕 이야기』

사울은 탁월한 지도력을 가진 왕이었으나 권력에 대한 욕심으로 미친 왕으로 변해갔다. 다윗은 사울의 온갖 위협 속에 똑같이 대응하지 않고 동굴로 상징되는 도피 생활을 비참하게 감당하며 깨어지는 경험을 한다. 이러한 모습은 아들 압살롬의 반역에서도 동일하게 나타난다. 그냥 있으면 왕이 될 압살롬이 반역하자 하늘의 뜻으로 알고 왕의 자리에서 스스로 물러난다. 압살롬의 반역을 막을 수 있었지만 사울처럼 되기를 거부한 것이다.

오늘 〈꿈꾸는 도서관〉 독서 토론회 대상 도서인 진 에드워즈의 『세 왕 이야기』를 읽고 잠시 생각해 보았다. 오늘날 우리의 모습은 사울인가, 다윗인가? 현재 우리 사회는 어떤 리더십이 필요할까? 다윗의 '깨어짐'에서 나를 생각해 보았다.

내가 더 깨어져야 하는데, 더 내려놓아야 하는데….

- 『세 왕 이야기』, 진 에드워즈, 예수전도단. 2008.

아침 독서편지 2012년 1월 2일 (월)

러시아-중국 국경 지역을 다녀오며

오늘은 러시아 캠프 4일째로 왕복 8시간을 들여 핫산을 다녀왔다. 핫산의 크라스키노는 구한말 최재형, 이범윤, 안중근, 유인석 등이 활동한 대표적인 항일 의병의 근거지이다. 이곳에서 최초의 한인들이 정착했던 얀치혜 마을과 안중근 의사 등이 단지동맹을 결성한 것을 기리는 기념비를 보고 왔다.

우리는 왜 나라를 잃고 이국땅을 헤매었을까? 신석기시대부터 우리 조상들이 살기 시작하고 발해의 유적지인 이곳이 왜 러시아와 중국의 국경 지역이 되어 그들의 허락을 받고서야 들어갈 수 있었을까? 현재 우리는 연해주에서 활동한 항일 의사들을 어떻게 대우하고 있으며, 그들의 가족에게 어떻게 감사하고 있는가? KGB 전 요원 빠벨의 도움 없이도 우리 선조의 땅을 우리가 자유롭게 왕래해야 하지 않을까? 러시아인 빠벨의 '자신의 역사를 기억하고 지키는 후손이 되어야 한다.'는 말에 가슴이 미어온다.

돌아오면서 러시아 현지식으로 저녁식사를 했다. 러시아 음식이 점점 맛있어지고 있다. 러시아 사람도 점점 좋아지고 있다. 하라쇼!

-『초원, 내 푸른 영혼』, 아나똘리 김, 뿌쉬낀하우스, 2011.

아침 독서편지 2012년 2월 1일 (수)

『통계 속의 재미있는 세상 이야기』

　보통 통계 하면 어렵다 하는 생각부터 하기 쉬운데, 이 책은 통계를 우리들의 삶이자 우리 사회의 모습으로 재미있게 풀어내고 있습니다. 이 책에는 모두 43편의 세상 이야기가 나오는데, 그 내용을 주제에 따라 〈생각은 합리적으로〉, 〈사회에 관심을〉, 〈함께 만드는 큰 세상〉, 〈우리 시대 우리 이야기〉라는 4개 부문으로 엮었습니다. 그리고 각종 통계를 통해 우리 삶이나 우리 사회의 모습을 보여주고 있어, 이 시대를 사는 우리들이 한 번쯤 읽어보고 고민해 봄 직한 많은 이야기를 담고 있습니다.

　새 학기를 준비하는 우리 법인 회원들이 자신의 삶을 통계 형식이든 어떤 형식이든 한번 결산을 해볼 필요가 있다고 생각합니다. 지난해를 돌아보면서 감사할 조건들을 다시금 확인해 보고, 새해의 소망을 꿈꾸어 보는 그런 시간이 되었으면 합니다. 특히 새 학기를 준비하는 회원들께 '책을 좀 읽자'는 말씀을 꼭 드리고 싶습니다. 이 책의 마지막에도 나와 있듯이 요즘 우리의 인사가 "요즘 어떤 책을 읽고 계십니까?"가 되었으면 합니다.

　선진국의 척도 중 제일가는 척도가 국민들의 독서량입니다. 현재 우리 국민들은 한 달에 한 권쯤 책을 읽습니다. 저는 한 달에 두 권쯤 책을 읽게 될 때, 우리나라의 현 위기도 극복할 수 있다고 생각합니다.

－『통계 속의 재미있는 세상 이야기』, 구정화 외, 휴먼컬처아리랑, 2014.

아침 독서편지 2012년 2월 2일 (목)

『나는 선생님이 좋아요』

이제 막 대학을 졸업하고 결혼한 지도 얼마 되지 않은 고다니 선생님은 1학년 아이들의 담임선생님이다. 그런데 쓰레기 마을에서 살고 있으며 자폐 증상을 보이는 데쓰조는 아이들이 함께 키우는 개구리를 짓밟아 죽여버리고, 같은 반 아이와 선생님에게 달려들기도 한다. 게다가 이 학급에는 지적 장애를 앓는 미나코가 있는데 이 아이는 매번 수업을 방해하곤 한다.

『나는 선생님이 좋아요』를 보며 요즘 우리 학교의 모습을 떠올려 보았다. 그리고 우리 교실에 고다니 같은 선생님이 많았으면 좋겠다는 생각도 해보았다. 우리는 이 책을 일본 독서 캠프 도서로 선정하여 읽고 일본을 다녀오며 토론도 했다. 그리고 고베 지진 지역을 방문하며 지진방재센터를 방문하였는데 마침 이곳을 찾은 일본 초등학교 학생을 만날 수가 있어 일본과 우리나라 학교의 모습을 비교할 수 있었다. 짐작하듯이 일본 학생들은 아주 질서 있게 이동하며 선생님 말씀을 따르는 모습을 보며 많이 부러웠다.

요즘 우리나라는 학교 폭력으로 몸살을 앓고 있다. 또한 많은 선생님들이 학생 지도의 여러 어려움으로 교육적 열정이 식는 것 같다. 그래서 『나는 선생님이 좋아요』를 다시 새롭게 보게 되었다. 2012년은 좋은 교사로 거듭날 수 있기를 다시 간절히 기도해 보며….

- 『나는 선생님이 좋아요』, 하이타니 겐지로, 양철북, 2008.

아침 독서편지 2012년 2월 6일 (월)

『좁쌀 한 알』

 이 글의 주인공인 장일순 선생님은 김지하 시인의 스승이었고 지난 70년대 지학순 주교님과 함께 민주화 운동에도 앞장섰던 분으로 매우 유명하다. 장일순 선생님의 사상은 크게 세 가지로 요약할 수 있다. 한살림 선언을 통한 유기농 운동, 공해 추방 등을 통한 환경 운동, 그리고 생명 문화 운동 등이 그것이다.

 이 책은 장일순 선생님과 관련된 일화를 최성현 작가님께서 주변의 여러 사람들의 이야기를 들어 다양한 일화를 소개해 주고 있다. 우선 제1장에 나오는 〈인물론〉은 좀 특이하다. 세상에서 보통 인물이라고 하면 기운 세고, 머리 좋고, 권세 있는 사람인데, 알고 보면 그런 인간들 때문에 세상이 허덕여 왔다는 것이다. 제2장의 〈찬밥〉 일화도 재미있다. 장일순, 화순 형제가 학교에 갔다 와서 배가 고프다고 하면 어머니는 남은 밥을 차려 주었는데, 찬밥이었다. 그러나 손님에게는 그것이 장일순의 논밭을 부쳐먹는 소작인이더라도 꼭 새로 밥을 지어 드렸다고 한다. 제3장의 〈모악산〉을 보면 장일순 선생님은 봉천 내 둑방을 자주 걸어 다니셨다고 한다.

 우리 원주가 기업도시, 혁신도시로 팽창하면서 도시의 문화에도 관심을 가져, 시민들이 걸을 수 있는 거리가 많아졌으면 하는 마음이 든다.

-『좁쌀 한 알』, 최성현, 도솔, 2004.

아침 독서편지 2012년 2월 7일 (화)

통일 한국의 소망,『적명』

여러분, 통일 한국의 미래상을 그려보신 적이 있나요? 오늘은 통일을 화두로 한, 책 한 권을 소개해 보려고 합니다. 최근 들어 통일에 대한 관심이 조금씩 줄어들고 있는 것은 아닌지 걱정이 됩니다. 북한은 우리의 적국이 아니며, 언젠가는 하나가 될 같은 민족입니다. 그래서 오늘은 김제국 작가의『적명』이란 소설을 통해 우리의 통일 한국에 대해 잠시라도 생각해 보았으면 합니다.

현재 우리는 남북한의 통일도 멀어 보입니다만 작가는 한반도 통일에 머물지 않고 우리 고구려의 영토 회복이 진정한 통일이라는 것에 대해 깊은 감명을 받았습니다. 그리고 통일을 멀게만 느끼는 우리 세대에게 이 소설은 이미 통일을 이룬 40년 이후의 시점에서 과거 통일 과업의 수행을 돌아보게 한다는 독특한 전개 방법을 구사하였습니다. 이러한 집필 의도는 통일은 반드시 이루어야 한다, 그리고 단순한 한반도의 통일만이 아니라 우리 옛 영토를 모두 찾는 통일이 되어야 한다는 메시지를 담고 있다 하겠습니다.

적명이란 '유배를 명하다'라는 뜻입니다. 그동안 우리 스스로도 통일이 될까 하는 부정적인 생각을 많이 하고 있는 것이 사실입니다. 이제 우리 민족을 괴롭혀 왔던 외세의 침략과 종속 등의 역사로 얼룩진 한반도의 슬픈 운명을 영원히 유폐시킨다는 의미의 적명이란 소설 제목을 우리 모두 깊이 생각해 보았으면 합니다. 그래서 통일에 대한 부정적인 생각과 비관적인 역사의식, 불합리한 제도 등을 모두 유배 보내며 행복만이 가득한 우리 사회를 만들어 갔으면 합니다.

-『적명』, 김제국, 인간과자연사, 2003.

아침 독서편지 2013년 3월 4일 (월)

트리즈 독서

　아침 독서편지를 3년째 운영하며 2013학년도 첫 독서편지 대상 도서로 『트리즈(TRIZ)』를 선택하였다. 트리즈 창시자인 겐리히 알츠슐러는 1940년대 구 소련 해군에서 특허를 심사하는 업무를 할 당시, 군 관련 기술적인 문제를 해결하면서 발명에는 어떤 공통의 법칙과 패턴이 있음을 알게 되었다. 그는 누구나 창의적으로 문제를 해결할 수 있는 일반적이고 체계적인 문제 해결책을 강구하게 되었다. 알츠슐러는 전 세계 특허 150만 건 중에서 창의적인 특허 4만 건을 추출 분석한 결과, 다음과 같은 네 가지 중요한 사실을 발견하게 되었다. 발명 문제의 정의, 발명의 수준, 발명의 유형, 기술 시스템 진화의 유형이 바로 알츠슐러가 발견한 사실이다.

　이 내용을 다시 요약하면, 트리즈는 주어진 문제에 대하여 가장 이상적인 결과를 정의하고, 그 결과를 얻는 데 관건이 되는 모순을 찾아내어, 그 모순을 극복할 수 있는 해결안을 얻을 수 있도록 생각하는 방법에 대한 이론이다. 금년 우리 법인은 이 트리즈를 독서와 연계하여 창의성 증진 프로그램을 개발하고자 한다.

　학습연구년 첫날을 맞아 학교에 인사를 다녀오고, 법인 사무실에서 이런저런 업무를 처리하며 다시 한번 트리즈를 생각해 보았다. 그리고 트리즈를 통해 창의성 증진 프로그램을 독서와 연계하여 개발하고자 하는 분들을 많이 만났으면 한다. 작년에 『진로독서 가이드북』을 개발하여 이번 토요일에 출판 기념회를 개최하면서 '진로독서'와 '트리즈 독서'를 금년 두 축으로 연구 활동을 전개하고자 한다.

- 『트리즈 마인드맵』, 오경철·안세훈, 성안당, 2012.

아침 독서편지 2013년 3월 18일 (월)

『1만 시간의 법칙』

　1만 시간은 하루에 3시간씩이면 10년, 하루에 6시간씩이면 5년, 하루에 10시간씩 투자한다면 3년이 걸린다. 내가 하루 평균 잡아 법인 이메일 작업을 4시간 정도하고 기타 업무 시간을 합치면 하루 평균 6시간 정도 투자하고 있으니 5년이면 1만 시간이 된다. 2001년부터 독서새물결에 참여하여 그 때부터 집중하여 일을 하였으니 2만 시간이 흐른 듯하다.

　2002년부터 교육부 초/중/고 교과별 추천도서목록 개발 사업자가 되기 위해 교육부의 권면과 도움으로 교사 단체로는 처음으로 법인이 되어 오늘에 이르고 있다. 그해 한국교육학술정보원의 고교 국어 멀티미디어 사업자로 선정되면서 법인의 연구력으로 자립 기반을 마련하고 이 때부터 전국 단위 독서대회를 개최하여 금년 12회 대회를 교과부와 문화부의 후원으로 개최하게 되었다. 그리고 방학마다 교사 연수와 학생 독서논술아카데미를 운영하는 등 독서 교육의 사회적 기여 활동을 전개하였다. 이러한 공적을 인정받아 2011년에는 (예)사회적 기업을 인증받아 소외 계층 중심의 일자리를 창출하고 독서 교육의 사회적 기여 활동을 강화하고 있다. 금년에는 『진로독서 가이드북』을 개발하여 교과부의 중심 과제인 진로 교육을 위한 매뉴얼을 제시하여 좋은 반응을 얻고 있기도 하다.

　꿈의 크기에 따라 사람의 능력도 달라진다고 하였다. 우리는 독서아카데미 건립과 독서교육학대학원대학교 설립을 목적 사업으로 연구 활동을 전개하고 있다. 노르웨이의 라면왕 '미스터 리'처럼 앞을 향해 함께 하면 이제 곧 우리 모두 행복한 독서공동체를 만들 수 있을 것이다.

-『1만 시간의 법칙』, 이상훈, 위즈덤하우스, 2010.

아침 독서편지 2013년 10월 14일 (월)

동서양 역사의 용광로, 터키

전국역사교사모임에서 지은 『처음 읽는 터키사』를 읽었다. 그리고 원주 독서영재아카데미 151차 특강을 학부모 초청 공개 토론회로 진행했다. 이야기식 독서 토론을 진행한 후, '터키의 친이슬람 정책은 바람직하다'란 주제로 교차질의식 독서 토론을 해보았다.

터키 역사를 읽으면서 동서양의 역사와 문화가 이렇게 융합되고 보전되어 있다는 것이 신기했다. 터키가 동서로 뻗은 아나톨리아 반도라는 사실도 새로 알게 되었고, 터키 조상인 튀르크족이 돌궐족인 것도 재미있었다. 터키 여행을 하면 트로이와 에페소스는 꼭 가보고 싶다. 비잔티움 문화를 무너뜨린 오스만 제국이 궁금하였고, 콘스탄티노플이 이스탄불로 바뀐 현장도 가보고 싶다. 성 소피아 성당과 블루 모스크를 보면서 동서양 문화와 역사의 감동을 내 것으로 만들고 싶기도 하다.

우리 법인은 금년 초에 선생님들이 학교 수업에서 적용 가능한 '인문학 다시 읽기' 과정을 개발하였으며, 학생들에게도 지역별로 인문학 아카데미를 개설하여 진행 중에 있다. 그리고 이번 겨울방학에 '터키사'를 읽고 터키 인문학 아카데미를 다녀오려고 한다. 낮에는 역사와 문화 체험을 하고 밤에는 재미있는 역사 토론, 독서 토론을 전개한다. 이 터키 캠프에 관심 있는 선생님들과 청소년들을 초청하여 함께 진한 인문학 감동을 나누고 싶다.

- 『처음 읽는 터키사』, 전국역사교사모임, 휴머니스트, 2018.

아침 독서편지 2014년 1월 6일 (월)

인간의 이중성

높은 학식과 고귀한 품성을 지닌 지킬 박사는 인간에게 선과 악의 두 가지 본성이 있다는 생각에 사로잡힌다. 그는 두 가지 본성을 분리시킴으로써 인간이 더욱 자유로워질 수 있을 것이라고 믿고, 실험에 착수하여 자신 안에 숨어 있던 악의 본능을 끄집어내는 데 성공한다. 그 악의 정체는 바로 흉측한 몰골에 그와 정반대 성격을 지닌 에드워드 하이드이다. 하지만 시간이 흐르며 작고 약했던 하이드의 힘은 차츰 커지고 마침내 지킬의 영혼을 잠식해 나간다.

『지킬 박사와 하이드 씨』의 두 주인공, 즉 존경받는 신사 지킬과 억압과 체면을 벗어던진 하이드 씨의 관계를 해석하는 방법은 다양하다. 동양에서는 성선설과 성악설로 인간 실체를 규명하려고 애써보기도 하였다. 오늘날의 과학 문명이 지니는 한계도 이런 양면성과 이중성에 기인하고 있다 하겠다.

이기적인 유전자를 지닌 우리와 우리 사회는 어떠할까? 가족과 가정의 소중함을 모르는 것이 문제이기도 하고, 한편 지나치게 가족과 가정 이기주의에 빠지는 것이 또한 문제이지 않은가? 배려와 진실을 잊고 나도 모르게 '하이드'로 살고 있지는 않은가? 내면의 '지킬'을 지키려고 해도 이미 너무 성장한 하이드로 인해 우리 사회는 행복 상실의 시대를 살고 있지 않은가?

그러나 '하이드'가 아무리 거대해도 새해는 밝아왔고, 어둠이 아무리 길어도 새벽이 오는 것처럼 우리는 어떤 어려움이 있어도 그 어려움을 극복해 내는 지혜를 알고 있다. 새해에는 우리 사회의 '지킬'과 진실이 우리의 행복이길 소망한다. 우리는 독서새물결 운동을 통해 이 길을 걸어왔고, 새해에도 행복한 독서 한국의 길을 학교 현장에서 묵묵히 실천하고자 한다.

-『지킬 박사와 하이드 씨』, 로버트 루이스 스티븐슨

아침 독서편지 2015년 1월 25일 (일)

셰익스피어 생가를 다녀와서

지난주 학생들을 이끌고 영국 셰익스피어 생가와 유적지 등 유럽 인문학 원정대 캠프를 다녀왔습니다. 이때 셰익스피어 극장도 둘러보고, 현지에서 셰익스피어의 대표작인 『햄릿』 토론회도 개최했습니다. 이런 색다른 인문학 경험을 하면서 셰익스피어와 햄릿을 다시 생각해 보게 되었고, 우리 삶이 비극 없이 모두가 행복한 삶이 되었으면 하여 오늘은 이 책을 소개해 봅니다.

'사느냐, 죽느냐, 그것이 문제로다.' 하는 대사 등을 포함하여 이 책은 명대사, 명장면과 함께 문학성을 높이 평가받고 있는 책이지요. 덴마크의 햄릿 왕이 급서 갑자기 죽자, 왕비 거트루드는 곧 왕의 동생 클로디어스와 재혼하고, 클로디어스가 왕이 되지요. 햄릿 왕자는 너무 서두른 어머니의 재혼을 한탄하고, 아버지의 유령이 나타나, 동생에 의하여 독살되었음을 알려줍니다. 이에 햄릿은 거짓으로 미친 체하며 아버지의 복수를 갚기 위해 다양한 방법을 찾게 되는 이야기입니다.

그리고 이 책에 등장한 주인공 모두가 죽게 되지요. 먼저 햄릿 아버지는 동생에게 이미 죽었고, 어머니는 햄릿을 죽이려고 준비한 약을 먹고 죽고, 햄릿의 애인인 오필리아는 햄릿이 숙부인 줄 알고 죽인 사람이 바로 자신의 아버지였고, 그 충격으로 죽게 되고, 오필리아의 오빠 레어티스는 숙부의 꾀임으로 햄릿을 죽이려고 결투를 하다 두 사람 모두 죽고, 마지막에 햄릿이 숙부를 죽이며 이 희곡은 끝나게 됩니다. 그러니까 주인공 6명이 모두 죽게 됩니다. 이게 셰익스피어 문학의 한 특징이기도 하고요. 이러한 죽음은 인간-자연-우주가 연결되어 있다는 당시 사상을 반영한 결과라고도 평가받기도 합니다.

『햄릿』은 당시 세르반테스가 지은 『돈키호테』의 행동형과 대조되어 문학사에 있어서 빼놓을 수 없는 중요한 자리를 차지하고 있습니다. 햄릿이 복수할 수 있는 절호의 기회가 왔는데도 머뭇거리면서 결행하지 못하는 것에 대해서 오늘날까지도 논쟁의 표적이 되고 있지요. 그러나 햄릿을 우유부단하다고 단정하는 것은 좀 위험합니다. 이 책을 잘 보면 햄릿형 인물을 심사숙고하는 인물 유형이라고 평가할 수도 있습니다. 또한 세르반테스의 '돈키호테' 같은 인물은 과감 결단형으로도 평가하지요. 오늘날 우리에게, 햄릿과 돈키호테의 두 가지 성격, 즉 양면성이 모두 필요하지 않을까 하는 생각을 해보았습니다.

-『햄릿』, 윌리엄 셰익스피어 민음사, 2001.

아침 독서편지 2016년 1월 1일 (금)

중국의 미래는 희망적일까?

G2를 아시지요? 미국과 중국이 세계 최강이라고 얘기하는 사람들도 있습니다. 그 미국과 중국을 우리나라는 좀 우습게 알고 있기도 하지요. 세계에서 미국을 우습게 아는 나라는 북한이고, 중국을 우습게 알고 있는 나라도 바로 우리 대한민국입니다.

작년 연초에 모 방송국에서 〈슈퍼차이나〉를 제작하여 방송하였는데, 우리나라보다는 중국에서 더 인기 있는 다큐멘터리로 평가받고 있기도 합니다. 〈명견만리〉 보신 적이 있으시지요? 서울대학교 김난도 교수는 '두려운 미래, 중국 주링허우 세대' 편에서 중국의 부상을 예견하고 우리의 철저한 준비를 촉구하였습니다. 중국은 과연 가까운 장래에 세계 최강의 국가로 성장할까요? 아님 구 소련처럼 무너지거나 예측하기 어려운 국내외 정세로 하락할까요? 여러분은 어떻게 생각하십니까?

제14회 독서대회 수상자 캠프에서는 이 문제에 관심을 가지고 중국 경제 캠프로 준비하였습니다. 〈슈퍼차이나〉를 보고, 읽고, 중국 경제의 미래에 대한 토론캠프로 진행하려고 합니다. 중국의 인구와 소비력, 기업, 돈, 군사력, 자원, 문화, 공산당 등 7장으로 나누어 32명이 친구들과 함께 토론해 보려고 합니다. 현실로 다가온 중국에 대해 현지에서 성공한 한국 출신 기업가를 모시고 특강도 들으면서 경제 캠프를 진행합니다.

인구가 현재 중국 경제 성장의 최대 장점이라고 이 책에서는 강조하고 있는데, 이 인구가 부메랑이 되어 중국 경제의 약점은 되지 않을는지 궁금한 마음으로 제14회 수상자 캠프를 준비하고 있습니다. 이 경제 캠프에 참가한 우리 친구들이 장차 우리나라 경제와 세계 경제의 주인공이 될 것을 믿기에 기쁜 마음으로 캠프를 준비합니다. 불통과 굴욕 외교 등으로 우울한 2015년을 보내며, 2016년 소망의 새해를 고대하며….

-『슈퍼차이나』, KBS 〈슈퍼차이나〉 제작팀, 가나출판사, 2015.

아침 독서편지 2016년 4월 4일 (월)

싱클레어와 데미안

　우리는 새봄을 맞으면서 2016년 새 학년을 시작하였습니다. 새 학년을 시작하니 정신이 없지요? 학생들이나 선생님들이나 마찬가지일 것입니다. 이럴 때일수록 우리는 책을 읽으며 하루를 시작하면 좋겠습니다. 오늘 저희 학교 도서관 옆 교실을 우연히 보게 되었는데, 아이들이 모둠별로 둘러앉아 사제 동행 아침 독서를 하는 것을 보니 교정의 개나리만큼이나 아름다웠습니다.

　정치 얘기 대신 '요즘 어떤 책을 읽고 계시나요?' 이런 인사가 우리 안에 많았으면 합니다. 지난겨울에 읽은 책을 놓고 서로 독서 대화도 나누어 보면 참 좋겠습니다. 저는 지난겨울에 독서대회 수상자 캠프 참여 학생들과 함께 『슈퍼차이나』를 읽으며 중국 경제의 미래에 대해 학생들과 토론해 본 적이 있습니다. 『처음 읽는 미국사』를 읽고 중국과 미국의 미래와 우리 대한민국의 미래상에 대해 토론해 본 적도 있습니다. 최근엔 원주독서영재아카데미를 통해 『데미안』을 읽고 싱클레어와 데미안의 성장에 대해 깊이 묵상해 보기도 했습니다. 우리가 진정한 자아를 찾기 위해서는 어떻게 해야 할까? 성숙한 성인이 되기 위해서는 무엇이 필요할까? 우리 주변에 우리가 도와주어야 할 사람은 누가 있을까? 이런 주제로 토론을 해보았습니다.

　이 책의 주인공에 대해 토론도 해보았습니다. 제목처럼 데미안일지, 아니면 이 책의 서술자인 싱클레어일지, 여러분은 어떻게 생각하십니까? 학생들의 의견은 이랬습니다. 처음 이야기가 시작된 후 일정 시간 동안 데미안은 등장하지 않고 싱클레어 위주로 이야기가 진행되고, 데미안은 이야기 속에서 사라질 때가 있었고, 싱클레어의 진솔한 이야기가 상세하게 서술되어 있음에 싱클레어가 이 책의 주인공이라고 주장하기도 하였습니다. 반면에 싱클레어는 데미안에게서 내적인 큰 영향을 받았고, 이 책의 마지막에서 '이제 그와 완전히 닮아 있었다. 그와, 내 친구이자 나의 인도자인 그와.'라는 표현을 볼 때 데미안은 이 책에서 가장 중요한 역할을 하고 있어서 데미안이 주인공이라고 주장하기도 하였습니다. 어떤 주장이든 우리 청소년의 내적 고민과 성장 이야기를 내포하고 있는 듯합니다.

우리는 지난 3월 말에 밤과 낮의 길이가 같다는 춘분을 보냈습니다. 이제 낮의 길이가 길어지는 변화의 시기에, 그동안 우리를 지배해 왔던 밤의 세력들 즉, 어두운 생각들, 부정적인 인식, 불평과 불만에 가득 찼던 밤의 가치관들을 떨쳐 버리고, 낮이 길어지기 시작한 지금, 낮의 기쁨들 즉, 밝은 생각들, 긍정적인 인식, 감사와 감격에 가득 찬 낮의 가치관들이 새롭게 일어나기를 간절히 소망합니다.

-『데미안』, 헤르만 헤세, 민음사, 2000.

아침 독서편지 2017년 3월 9일(목)

새 학년을 맞이하며, 나무를 심은 사람

오늘, 대한민국은 입학식과 함께 새 학년을 시작합니다. 선생님, 학생 그리고 학부모님까지 새 학년 준비에 모두가 분주할 때입니다. 이 때에 『나무를 심은 사람』이란 책이 문득 떠오릅니다. 새 학년을 앞둔 우리에게 우리와 우리 자녀들이 어떤 삶을 살아야 할지 삶의 방향을 제시해 주는 좋은 책입니다. 도토리를 심었던 부피에처럼 우리도 새 학년을 앞두고 무엇을 심을까 생각하면서 이 책을 읽어보는 것도 의미 있는 독서 활동이 될 것입니다.

이 소설의 줄거리는 아주 단순하고 간단합니다. 주인공 엘제아르 부피에가 프랑스의 프로방스 지방에서 전쟁으로 황무지가 된 땅에 꾸준히 도토리를 심고 평생 나무를 가꾸는 일을 하게 됩니다. 그리고 그 결과 새로운 숲이 탄생하게 되고 수자원이 회복되어, 사람이라고 살지 않던 황무지에 많은 사람들이 모여 살게 된다는 이야기가 그 줄거리입니다.

우리 옛말에 뿌린 대로 거둔다는 말이 있지요. 이 책의 주인공 부피에도 도토리 10만 개를 심습니다. 부피에는 자신이 심은 도토리 10만 개 중에서 1만 개가 살아남아 떡갈나무 숲을 이룰 것을 기대하였습니다. 보통 우리 사람들은 뿌린 대로 거둔다는 것은 알고 있지만 실제로는 뿌린 것보다 더 많이 얻으려고 발버둥 치며 살고 있는 것은 아닌지 모르겠습니다. 그런데 이 책의 주인공 엘자아르 부피에는 자기 욕심을 버리고 묵묵히 도토리 씨앗을 심기만 하였습니다. 심지어 내 땅에만 심은 것이 아니라 나무가 필요한 곳이면 어디든 심었습니다. 이런 주인공의 모습이 오래 여운으로 남습니다.

- 『나무를 심은 사람』, 장 지오노

아침 독서편지 2017년 11월 23일 (목), 한 주가 연기된 수능일에.

두려워하지 말라, 내가 너와 함께 함이라

내가 너를 굳세게 하리라. 참으로 너를 도와주리라. 참으로 나의 의로운 손으로 너를 붙들리라.

지금 수능 시험장에 있는 모든 수험생을 위해 기도합니다.

그리고 취업을 위해 준비하는 고3 졸업생과 이 땅의 모든 학생들의 행복한 미래를 응원합니다.

행복한 삶과 미래를 위해 책 몇 권을 소개합니다.

『꿈꾸는 미래 진로독서』를 통해 4차 산업혁명 시대를 대비했으면 합니다.

『행복한 인성독서』를 통해 사람다운 삶의 행복을 누리고 싶습니다.

『다문화 독서지도 방법과 실제』를 읽으며 미래 사회를 준비했으면 합니다.

우리 법인은 내년부터 해외 독서학교 설립과 지역 인문학 학교 운영에 관심을 갖고 있습니다.

내일 원주를 시작으로 우리 지역 아이 잘 키우기 위한 교육 포럼도 실시합니다.

『아이 하나를 키우는 데는 마을 전체가 필요하다』처럼 마을과 사회와 국가가 우리 다음 세대를 가르치는 일에 최고의 우선순위를 두어야 한다고 생각합니다.

  -『아이 하나를 키우는 데는 마을 전체가 필요하다』, 베티 B 영, 이레, 1998.

아침 독서편지 2018년 4월 14일 (일)

원자력 에너지는 인간 삶을 이롭게 한다

오늘은 어제 실시한 제347차 원주 인문학 독서학교 독서 토론지 한 편(중3 박○○)을 소개하겠습니다. 원주 인문학 독서학교는 매주 토요일 오전 10시에 모여 함께 책을 읽고 토론하는 모임으로, 금년들어 20년째 무료로 진행하고 있습니다.

대상 도서는 『탈핵 비판』과 『10대와 통하는 탈핵 이야기』이며 주제는 '원자력 에너지는 인간 삶을 이롭게 한다.'입니다.

〈찬성 입장〉

우선 용어 정리부터 하겠습니다. 저는 신재생 에너지를 아예 없애야 한다는 주장이 아닌, 원자력 에너지를 더욱 발전시킨다면 인간 삶이 이로워질 뿐만 아니라 삶의 질이 올라갈 것이라고 주장하는 것입니다.

저의 주장의 이유로는 첫째, 국민들의 원성이 잦아들 것입니다. 2019년 2월 19일 일요신문 기사에는 현재 정부는 원전 안전기준 강화대책 네 가지를 발표했으며, 구체적인 사항을 국민들에게 보여줌으로써 국민들이 더 이상 불안해하지 않고 안심할 수 있습니다. 앞서 말했듯이 갈수록 심각해지는 미세먼지에 대해 걱정하는 국민들이 매우 많습니다. 신재생 에너지를 늘리거나 석탄 발전을 증가시키면 미세먼지는 더욱 증가할 수밖에 없습니다.

둘째, 재생 에너지의 기술적인 한계가 있습니다. 2019년 3월 12일 KBS에서 방송된 〈탈원전의 두 가지 시선〉에서 신재생 에너지는 발전 효율이 낮고, 간헐성이 있다고 했습니다. 이때 간헐성은 전력 생성을 정확히 예측하지 못한다는 말입니다. 이러한 방면으로 보았을 때 원자력 에너지가 신재생 에너지보다 발전 효율도 높고 간헐성이 없기에 원자력 에너지가 미래를 보장할 수 있습니다. 따라서 저는 원자력 에너지를 발전하는 것이 인간 삶을 이롭게 한다고 생각합니다.

〈반대 입장〉

저의 주장의 이유로는 첫째, 핵발전소가 공격을 당할 수 있습니다. 대상 도서 22쪽에는 전쟁이 나면 대부분 상대편의 기간시설을 공격한다고 나와 있습니다. 만약 원자력 발전소의 수를 늘리거나 증가시킨다면, 에너지를 생산하는 원자력 발전소를 가장 먼저 공격할 것입니다. 이러한 일들이 발생하게 된다면 재산 피해, 인명피해는 그 어떠한 재난 재해보다 클 것입니다.

둘째, 엄청난 양의 물이 들어갑니다. 우리나라의 핵발전소는 전부 바닷가에 있습니다. 그 이유는 원자력을 발전시키는 데에 엄청나게 많은 양의 물이 필요합니다. 대한민국의 내부지역에 원자력 발전소를 건설하면 이에 충족하는 많은 물을 댈 수 있는 곳이 없기 때문입니다. 또한 핵발전에서 100만큼 에너지가 생기면 이의 3분의 1은 전기가 되어 공급되지만 나머지 3분의 2는 온배수 형태로 빠져나가게 됩니다. 네이버 지식백과에서의 온배수라는 것은 냉각에 사용된 물이 약 7도 정도 온도가 높아진 상태로 하천이나 바다에 방출하는 물을 말합니다. 이는 생태계를 교란시킬 뿐만 아니라, 엄청나게 많은 물을 소비하는 것과 같습니다. 따라서 저는 원자력 에너지를 발전하는 것이 인간 삶을 이롭게 하지 않는다고 생각합니다.

- 『탈핵 비판』, 이정훈, 글마당, 2020.
- 『10대와 통하는 탈핵 이야기』, 우석균, 철수와영희, 2014.

아침 독서편지 2018년 5월 15일 (화), 스승의 날 아침에

3만 3천여 회원과 함께 스승의 날을 기리며

세종대왕 태어나신 5월 15일을 맞습니다. 이 땅의 스승으로 부끄러움을 느끼는 날이기도 합니다. 그럼에도 우린 독서 교육으로 이 나라 교육의 소망을 꿈꿉니다.

스승의 날에 잠시 묵상해 봅니다. 살다 보면 누구나 두려움 앞에 서 있곤 합니다. 싫은 일이나 대상 앞에서 무섭고 불안한 마음이 드는 것을 '두려움'이라고 하는데요. 누구나 싫어하는 일을 해내야 하는 두려움, 싫어하는 상대에게 내 마음을 들키지 않고 잘 지내야 하는 두려움을 가지고 있습니다.

두려움에도 무게가 있다면 누군가에게 인정받기 위해 노력하며 느끼는 두려움이 아마 가장 무거울 겁니다. 인정받기 위해 남의 이목에 신경을 쓰는 사람들에게 저자는 '미움 받을 용기를 가지라.'고 조언합니다. '인간은 누구나 변할 수 있고, 누구나 행복해질 수 있다.'고 말하면서 '용기'를 강조하지요. 그가 말하는 용기란 자유로워질 용기, 평범해질 용기, 행복해질 용기, 그리고 미움받을 용기입니다.

좋은 사람이고 싶지 않은 사람은 없을 겁니다. 하지만 모든 사람에게 좋은 사람일 수는 없습니다. 누군가에게 좋은 사람이라면 다른 누군가에는 미운 사람일 수도 있는 것이지요. 내가 자유롭고 행복하면 미움받아도 괜찮습니다. 남들에게 인정을 받아야 한다는 생각에 자신을 가두지 마세요.

그리고 오늘의 두려움 앞에서 미움받을 용기를 내 보세요.

스승의 날에 미움받을 용기로 아이들 앞에 참된 교육자로 서고 싶습니다.

- 『미움받을 용기』, 기시미 이치로·고가 후미타케, 인플루엔셜, 2014.

아침 독서편지 2018년 7월 28일 (토)

재미있고 유익한 독서대회 (제17회 독서대회 대상 수상 소감문)
 교육부가 후원한 제17회 대한민국 독서대회 입상자를 예정보다 앞당겨 이번 화요일에 공지하였다. 수상자 중심의 미얀마 세계시민캠프가 예정되어 있어 좀 서둘렀다. 공지하면서 수상 소감을 받았는데, 고등부 대상 수상자의 소감을 간추려 소개해 보려고 한다.

 본선 도서 세 책 모두 짧은 분량이 아니고 시험 기간이랑 겹쳤기 때문에 대회전까지 두 번씩밖에 읽지 못했다. 하지만 어느 부분에 어느 내용이 실려 있는지 정도는 알 정도로 내용을 숙지했다. 책 내용과 관련된 시사 이슈를 조사하는 것도 잊지 않았다. 대회 전날에는 내가 정리해 놓은 부분을 읽으면서 준비를 마무리하였다.
 이야기식 독서 토론에 정말 열심히 참여하였고, 토론할 때는 평범한 이야기 말고 조금 다른 관점에서 질문을 해석하려고 노력했고, 『통일한국 제1고등학교』 소설 자체가 '학교'라는 작은 사회를 통해서 통일되었을 때의 미래 통일한국을 축약시켜 놓은 형태이기 때문에 외부 시사를 연결하며 토론을 진행했다. 사실 끝나고 나서 마음에 담아두고 있던 모든 생각을 다 말하지 못한 것 같아서 아쉬운 마음이 컸는데, 좋은 결과가 나와서 뿌듯하다.
 독서 논술은 책의 내용에 기반하여 내가 논제를 정하고 그것을 글로 풀어내는 것이 관건인데, 처음에 논제를 직접 정하라는 말에 조금 당황하기는 했다. 10분 정도 생각한 뒤 논제를 정한 다음, 세 권의 책 내용을 기억하면서 각 책의 내용을 글의 어느 곳에 활용해야 할지 초안을 짰다. 시간과 여유가 더 있었다면 조금 더 완성도 있는 글을 썼을 텐데 하는 아쉬움이 계속 들었다.

독서 토론을 여러 번 해본 적은 있지만, 독서 토론대회에 참가해 본 적은 없어서 형식토론과 무엇이 다를지 기대를 많이 하고 대회에 참가했는데, 정말 재미있었다. 빈말이 아니라, 이제까지 참가해 본 토론대회 중 가장 재미있고 유익한 대회였다. 딱딱하지 않고 유연하고 좋은 분위기에서 웃으면서 다른 친구들과 의견을 나누는 것이 정말 좋았다. 다른 지역, 학교의 학생들과 서로의 생각을 공유하는 기회가 자주 있는 것이 아니기 때문에 그런 방면에서도 의미 있었다.

지금 고등학교 2학년이라서 이번 대한민국 독서 토론논술대회가 처음이자 마지막 참가가 될 것 같은데, 왜 그동안 이 대회를 몰랐는지 후회된다. 더 많은 학생이 이 대회의 즐거움과 유익함을 알고 많이 참가했으면 하는 마음이다.

- 『통일한국 제1고등학교』, 전성희, 자음과모음, 2017.

아침 독서편지 2018년 9월 9일 (일)

을지문덕과 한니발 장군

지난주 수업 시간에 학생들에게 『삼한지』를 들려주었습니다. 2학기 들어 지난 2015년 1년 동안 출연했던 교통방송 〈행복한 주말 북카페〉 방송 내용을 들려주고 있는데, 지난주는 『삼한지』 시간이었습니다. 중국의 삼국지와 구별되게 하기 위해 삼한지라 하였지만 실상은 우리의 삼국시대 이야기이며, 삼국의 각축이 가장 심했던 통일 시대 이야기이기도 합니다.

삼한지에서 여섯 명의 걸출한 영웅이 등장합니다. 을지문덕의 살수대첩은 그 백미이기도 합니다. 한니발 장군을 능가하는 전략과 전술로 수나라를 무너뜨리는 살수대첩은 지금 생각해봐도 그때의 감동이 다시 몰려오는 쾌거입니다. 을지문덕의 지혜에 초점을 맞추며 지혜와 리더십을 갖춘 우리 영웅 이야기를 학생들과 나누어보았습니다. 남의 떡이 더 커 보이는 겸양은 우리 영웅을 만들지 못했던 슬픔도 낳았습니다.

이 책은 인간 삶과 세상살이 이야기, 정치과 권력, 사회와 문화 등 모든 이야기를 담고 있습니다. 이 중 저는 신라에 주목했습니다. 가장 미약한 나라 신라에서 가장 강대국인 고구려까지 무너뜨리고 어떻게 삼국을 통일할 수 있었을까요? 같은 민족을 포용하고 화합하는 민족사랑 정신이 있었기 때문이었습니다. 그리고 가장 약한 나라 신라가 삼국을 통일하는 모습을 보면서, 현재 우리의 모습이, 우리 가정의 모습이, 우리나라의 모습이 가장 미약해 보이더라도 꿈을 잃지 않았으면 합니다. 신라가 삼국 중 가장 미약하였으나 삼국을 통일한 나라는 결국 신라였습니다. '지금은 미약하나 네 나중은 창대하리라.'는 말씀처럼 우리의 모습이, 우리 가정과 사회의 모습이 행복한 미래를 꿈꿀 수 있었으면 합니다.

-『삼한지』, 김정한, 서돌문학, 2009.

아침 독서편지 2018년 10월 14일 (일)

『앵무새 죽이기』와 미얀마 학교 설립

『앵무새 죽이기』를 읽어보신 적이 있나요? 『엉무새 죽이기』를 통해 한 도시 한 책 읽기 운동이 전개되었고, 제가 사는 원주는 금년 15년째 한 도시 한 책 읽기 운동을 전개하고 있습니다. 그리고 선정도서를 읽고 동아리 대항 독서 토론 콘서트 한마당을 펼치고 있습니다. 금년 대상 도서는 『아몬드』이며, '청소년의 건강한 성장을 위한 효과적인 방안'이란 주제로 상생-협동 독서 토론(3-3-3 토론) 모형으로 진행하고 있습니다. 어젠 상생-협동 토론 방법을 설명하는 사전 교육을 실시하였습니다.

원주 한 책 읽기 운동이 이제 대한민국 곳곳으로 펼쳐나가고 있어 나름대로 보람도 느낍니다. 한 도시 한 책 읽기 운동의 시작은 2001년 미국 일리노이 주 시카고에서 시작된 '한 책, 한 시카고(One Book, One Chicago)'입니다. 시카고 공공도서관과 시카고 시가 주도해 온, 시민이 하퍼 리의 퓰리처상 수상작인 『앵무새 죽이기』를 읽자고 한 데서 시작된 '한 책, 한 시카고'는 흑백이란 인종차별에 대한 인식 개선의 변화를 만들어 낼 수 있었습니다.

이 책은 백인 변호사가 강간범으로 몰린 흑인을 변호하는 이야기입니다. 이 사건은 백인인 이엘 씨가 자신의 딸을 폭행하고는 흑인인 톰 로빈슨이 강간했다고 고소하지요. 법정에서 주인공 스카웃 아버지의 변호를 통해 그것이 거짓임이 드러났음에도 불구하고 배심원단이 톰 로빈슨이 강간하였다고 판결하게 됩니다.

  여러분이 배심원이었으면 어떤 판결을 하였을까요? 아직도 잘못된 판결로 고생하는 사람들은 없을지요? 인종차별이 요즘은 많이 줄었지만 아직도 존재하고 있는 것은 아닌지요? 인종차별 외 또 다른 차별은 없을까요? 교육적 차별은 없을까요? 교육부 장관은 반드시 대학교수나 국회의원이 해야 할까요? 초중등 교사가 교육부 장관이 될 수는 없을까요? 출생 국가로 인해 차별받는 나라는 없을까요? 우리 법인이 미얀마에 학교를 설립하고 후원하는 것도 그들의 영혼이 교육적으로 차별받지 않도록 돕기 위함이기도 합니다.

-『앵무새 죽이기』, 하퍼 리, 열린책들, 2015.

아침 독서편지 2019년 1월 2일 (수)

2019년 비전 (1) 소통하게 하는 독서

2010년 SBS〈책과 사람〉독서 캠페인을 한 주간 진행한 적이 있었습니다. 10년이 지난 지금에도 우리가 함께 고민할 수 있는 내용이어서 한 주간 다시 소개하고자 합니다.

요즘 우리 시대의 가장 큰 문제는 무엇이라고 생각하십니까?
많은 분들이 현 정치 경제 상황과 연결하여 이런 저런 말씀을 하시지만
저는 '소통의 부재'가 우리 시대, 가장 큰 문제라고 생각합니다.
학교에서 독서를 가르치는 교사로서
저는 독서를 통해 학생과 그리고 학문과 소통하면서
독서와 토론의 중요성을 새삼 느끼고 있습니다.
우리가 읽는 책에는 늘 우리가 사는 세상 이야기가 담겨 있고
책 속의 등장인물처럼
우리 사회도 늘 이런저런 모양의 갈등이 존재하고 있습니다.
한 해를 시작하면서 우리 사회에 존재하는 갈등을 풀어나가는 지혜를
'책'을 통해 얻을 수 있기를 소망해 봅니다.
독서 교육으로 날마다 행복하시고
새해 큰 복 많이 받으세요.

아침 독서편지 2019년 6월 28일 (목)

우리는 우리의 외교권을 자유롭게 행사하고 있는가?

교육부가 후원하는 제18회 대한민국 독서대회가 이제 보름 앞으로 다가왔습니다. 금년에도 예선을 통과한 6백여 명의 학생들과 함께 서울대학교에서 독서 토론 축제 한마당을 펼치고자 합니다.

『미스 손탁』은 고교부 이야기식 독서 토론 대상 도서입니다. 이 책을 읽으면서 구한말 우리의 아픈 시대 상황을 돌아봅니다. 그리고 지금 이 시대에는 우리의 외교권을 우리가 맘껏 행사하고 있는지 되돌아보게 됩니다. 이번에 선정한 『미스 손탁』은 우리의 아픈 근대사를 생각하게 만드는 역사 탐정소설입니다. 손탁 호텔에서 '보이(직원)'로 일하는 프랑스어 학교 학생 배정근과 이화학당 학생 이복림이 미스 손탁의 실종 사건을 해결하는 과정에서 만나는 사람들이 펼쳐내는 흥미진진한 이야기를 담고 있습니다.

흔히들 '역사를 잊은 민족에게 미래는 없다.'고 합니다. 그러나 역사는 귀찮고 어렵게 느껴지기 마련입니다. 이 소설은 을사늑약(1905년)부터 경술국치(1910년)까지의 5년간의 역사를 재미있는 이야기로 풀고 있습니다. 이 책에는 비록 삽화 한 장 없지만 우리를 1907년 서울로 데려다줍니다. 당시 서울은 서양의 문물과 외국인들이 물밀 듯이 들어오고 있었습니다. 전차를 타고 출퇴근하는 사람들, 체육 수업을 받는 여학생들, 야구를 배우는 학생들 등 당시 변화하고 있는 우리나라의 일상의 모습을 상상하는 즐거움을 얻을 수 있을 것입니다. 또 당시 우리의 국권 회복과 독립을 위해 노력한 여러 사람들을 만날 수 있습니다. 지금 여기에서 우리가 다시 독립을 이야기하는 것은 단순히 일제강점기를 잊지 말자는 것을 넘어서 또다시 우리의 운명을 미국과 일본, 러시아와 중국 등 외세의 힘에 의지하여 해결하려는 사람들에게 경종을 울리기 때문입니다. 이 책을 통해 우리 근대사와 근대문화 유적을 돌아보는 계기가 되기를 희망합니다. 나아가 독립과 국권의 의미를 생각해 보고, 평화와 희망이 가득한 우리나라를 만들기 위해 우리가 할 수 있는 것들을 의논해 보면 어떨지요?

- 『미스 손탁』, 정명섭, 서해문집, 2018.

아침 독서편지 2020년 3월 18일 (수)

코로나 그 이후를 걱정하다

기원전 430년경 아테네에 역병이 발생하여 당시 아테네 인구의 4분의 1인 6만 명이 사망했다. 542년경 페스트로 알려진 전염병이 아라비아와 이집트에서 창궐하였고 로마 제국으로 번져 30여만 명이 사망했다. 1347년 이탈리아에서 시작된 페스트로 3년 동안 유럽 인구의 30% 정도가 희생되었다. 실존주의 문학인 카뮈는 그 페스트를 '부조리'로 보았다. 평범한 오랑시의 일상이 습관적인 반복이며 페스트로 형상화되었다. 죽음을 직면하는 것에 불편한 것이 부조리인 것이다. 오랑시는 오늘 우리가 사는 도시와 무엇이 다를까?

부조리함 중에서도 의사 리외는 생명 살리는 일에 집중하였다. 신문기자인 랑베르는 페스트 초기부터 여러 차례에 걸쳐 탈출을 시도했지만, 나중에는 시민의 운명에 연대감을 느껴 리외의 사업에 협력한다. 타루는 시민 단체를 만들어 시민 살리기 운동을 펼친다. 이윽고 극성스럽던 페스트도 점점 약화되기 시작했다.

코로나 바이러스도 우리 선한 시민들에 의해 곧 잡힐 것이다. 이제 코로나 이후를 준비해야 한다. 페스트 이후 유럽에서도 급격한 인구 감소로 여러 어려움을 당했다. 우리 사회에선 어떤 일이 벌어질까?

한국 사회 다가온 미래 문제는 어떤 것이 있을까? 인구 문제가 심각하다. 영국 옥스퍼드 대학 인구문제연구소 역시 우리나라가 지구상에서 가장 먼저 소멸할 나라라고 예측하였다. 환경 문제의 심각성도 누구나 아는 현실이다. 미세먼지와 기후변화는 집단 지성과 소통을 통해 급히 해결해야 한다. 코로나 마스크를 넘어선 마스크 대란이 올 수도 있다. 미래 문제를 생각하니 코로나와 겹쳐 많이 우울하다.

  이 문제를 어떻게 해결할 수 있을까? 교육밖에 뚜렷한 해결책이 없다. 그러나 이미 무너진 교육을 아는가? 교실 붕괴와 교육 위기를 회복하는 것이 한국 사회의 제1과제이다. 사회적 거리도 회복하고 사회적 공동체 의식도 회복하여, 함께 사회적 문제를 해결해야 한다.

-『페스트』, 알베르 까뮈, 김화영, 민음사, 2011.

아침 독서편지 2020년 6월 18일 (목)

맹탐정은 우리 국가의 문제를 어떻게 해결할 수 있을까?

『맹탐정 고민 상담소』는 2020년 원주 한 도시 한 책 읽기 운동 선정 도서입니다. 원주는 한 책 읽기 운동을 가장 먼저 전개한 도시이지요. 17년 동안 시민이 함께 책을 읽고 토론하며 도시의 독서문화 운동을 전개하고 있습니다.

이 책은 핸드폰 분실 사건, 영은 언니 엄마의 미스터리, 인혜의 자아 실종 사건, 용우의 비밀 폴더 사건 등 네 가지 사건이 재미있게 제시됩니다. 이 사건을 중학교 1학년 학생인 맹탐정이 아주 재미있게 풀어나갑니다. 사건을 해결하는 탐정이라기보다는 삶의 고민을 풀어주는 상담사 같은 이야기가 친근하게 다가왔습니다. 그리고 아이들만의 고민이 아니라 부모님의 고민도 풀어주면서 아이가 어른의 고민도 해결해 주는 재미있는 소설이기도 합니다.

20년째 운영하고 있는 원주 독서학교에서는 지난주 이 책으로 독서 토론 수업을 했습니다. 물론 온라인으로 진행했지요. 저는 코로나 사태가 심각해지면서 원주 인문학 독서학교를 온라인으로 진행하고 있는데, 카톡방 토론 수업도 나름대로 의미 있는 교육 활동이었습니다. 이 책을 읽고 학생들의 고민을 나누어 보았습니다. 그리고 부모님의 고민은 무얼까 짐작해 보고, 여러분이 맹탐정이면 어떻게 해결해 드릴 것인가에 대해서도 토론해 봤습니다. 이번 토요일은 이 책으로 원주 인문학 독서학교 개강식과 공개 독서 토론 수업을 합니다. 관심 있는 분들을 초청합니다.

현재 우리 사는 지역의 고민은 무엇이 있을까요? 현재 우리나라는 어떤 문제가 심각하나요? 그리고 그 고민과 문제를 맹탐정에게 의뢰할 경우 맹탐정은 어떻게 해결할 수 있을까요? 이 책에서처럼 맹탐정이 우리 국민과 우리 국가의 고민을 시원스럽게 해결해 줄 수 있기를 간절히 바라봅니다.

- 『맹탐정 고민 상담스』, 이선주, 문학동네, 2019.

아침 독서편지 2020년 12월 11일

호모 데우스와 우리의 미래

코로나19로 시작하고 코로나 팬데믹으로 한 해를 마칩니다. 어느 하루 살며시 다가온 코로나 바이러스가 이렇게 끈질기게 우리를 힘들게 합니다. 아무도 예기치 못한 코로나 바이러스를 이겨 내면서 너무나 허약한 우리 교육을 돌아봅니다. 진리를 알고 정의를 찾는 교육, 정의와 공정을 실천하는 교육을 우리가 얼마나 소홀하였나 돌아봅니다. 이기적 유전자와 집단 이기주의에 매몰된 우리 교육에서 이웃도 돌아보며 인류까지 품은 따뜻한 교육의 아쉬움도 느낍니다. 입시 위주 교육에 빠져 세계 공동체성 교육도 제대로 못 하였지요. 무엇보다 사람답게 사는 교육이 선행되어야 합니다.

교육 부재 현상을 『사피엔스』의 저자 유발 하라리는 신이 된 인간의 교만함으로 보고 있습니다. 과학혁명을 거친 우리 인간은 인간의 아름다움을 넘어서 자본주의 교리와 신의 영역까지 넘보고 있습니다. 그래서 유발 하라리는 『호모 데우스』에서 데이터교의 출현을 예고하고 있습니다.

"인류는 지금까지 이룩한 성취를 딛고 더 과감한 목표를 향해 나아갈 것이다. 전례 없는 수준의 번영, 건강, 평화를 얻은 인류의 다음 목표는, 과거의 기록과 현재의 가치들을 고려할 때, 불멸, 행복, 신성이 될 것이다. 굶주림, 질병, 폭력으로 인한 사망률을 줄인 다음에 할 일은 노화와 죽음 그 자체를 극복하는 것이다. 사람들을 극도의 비참함에서 구한 다음에 할 일은 사람들을 더 행복하게 만드는 것이다. 짐승 수준의 생존 투쟁에서 인류를 건져올린 다음 할 일은 인류를 신으로 업그레이드하고, '호모 사피엔스'를 '호모 데우스'로 바꾸는 것이다."

　유발 하라리의 의견에 동의하시는지요? 유발 하라리의 미래 예견이 코로나 바이러스로 위험에 빠졌습니다. 우리 인간이 굶주림과 질병과 폭력을 극복하였다고 하였으나 코로나 한 방으로 우리 인류는 지금까지의 가치관과 정의가 하루아침에 바뀌게 되었습니다. 아직도 세계 절반은 굶주리고 있지요. 코로나 이후 더 강력한 바이러스가 우리 인류를 위협하고 있다고 합니다. 폭력은 과학 혁명과 데이터교의 발전에 정비례할 수 있습니다. 우리가 겸손하지 아니하면 우리 인류는 소망이 없습니다.

　아무 일에든지 다툼이나 허영으로 하지 말고 오직 겸손한 마음으로 각각 자기보다 남을 낫게 여겨야 합니다.(빌립보 2:3)

-『호모 데우스』 유발 하라리, 김영사, 2017.

아침 독서편지 2021년 1월 8일 (금)

『소리 질러, 운동장』

　작년 코로나 사태로 우린 대한민국 독서대회를 사상 처음으로 온라인 독서 토론대회, 온라인 독서논술대회로 진행하였습니다. 처음 가는 길이어서 부담은 되었지만, 교육이란 길이 늘 새롭게 가는 길이기에 우린 연구자의 겸손함과 순수함으로 제19회 대한민국 독서대회를 우리도 놀랄 정도로 모두가 행복하게 잘 마무리 지을 수 있었습니다. 참여한 5만여 학생과 독서대회 기획과 진행을 맡아 수고해 주신 진행위원과 토론 심사위원 120여 명 선생님들께 다시 한번 진심 담긴 감사의 마음을 전합니다.

　온라인 독서대회를 마쳐도 우리 상황은 코로나를 벗어나지 못하고 교육은 여전히 나라 지도자의 관심 밖이기도 하여 우린 온라인 독서 교육을 준비하였습니다. 그리고 지난 해 11월에 온라인 독서학교 시범학교를 운영하였습니다. 온라인으로 독서 토론이 가능할까 염려하는 마음도 있었지만, 참여한 학생과 뒷받침하는 부모님 모두가 매우 신나고 재미있다고 하시네요.

　온라인 독서학교 시범 운영을 거쳐 금년 1월부터 온라인 독서학교 정규학교 과정을 초저, 초고, 중학 3개 과정으로 나누어 운영하고 있습니다. 지난 1월 6일(수) 개강을 하였는데, 제가 맡은 수업이 초저(초등 3-4학년) 문학 수업이어서 『소리 질러, 운동장』이란 책으로 독서 토론 수업을 진행하였습니다. 아이들이 너무 재미있어 하였고, 토요일 독서새물결 토론(교차질의식)을 고대하고 있기도 합니다.

야구부원으로 있다가 '아웃'을 '아웃'이라고 판정했다고 하여 야구부에서 쫓겨난 김동해와, 여자여서 야구부에 들 수 없는 공희주가 막야구부를 만들어 재미있게 운동장에서 노는 장면이 이 이야기의 중심 내용입니다. 요즘도 '정의'를 '정의'라고 얘기하고 '공정'을 '공정'이라고 얘기하면, 내 편이 아니면 무조건 배척당하는 안타까움이 있었는데, 이 책의 어린이들을 통해 '정의'와 '공정'을 다시 배웠습니다.

야구부 감독과 막야구부의 갈등이 절정에 올라 한판 승부를 벌이는 장면도 인상 깊고, 승부 결과가 동점으로 나오자 그 뒷이야기도 궁금해졌습니다. 갈등이 심화될지도 모르겠다는 생각은 기우였고, 야구부 부장과 막야구부가 협의하여 서로가 운동하는 공간을 확보해 나가는 협상 능력을 보면서 감탄하게 되었습니다. 우리 법인이 지향하는 소통과 공감이 있는 토론의 중요함을 새삼 느낄 수 있었습니다. 아이들도 갈등 상황 속에서 이런 협상 능력이 있는데, 우리 어른들은 왜 이럴까 우울해지다가 다시 소망을 꿈꿀 수 있었습니다.

야구부 감독님은 어른이라는 이유로 그리고 야구부 감독이라는 지위를 이용해 막야구부 아이들에게 억지를 부립니다. 우리 주변에도 자신이 가진 지위나 힘을 이용하여 억지를 부리는 사람을 볼 수 있습니다. 다수의 힘을 이용하여 소수와 약자를 힘들게 하는 사람들도 많습니다. 새해에는 우리 사회가 미래를 향한 교육에 관심을 갖게 되고, 독서 토론과 공감 교육으로 국민에게 희망을 주는 교육이 되길 간절히 기도해 봅니다.

-『소리 질러, 운동장』, 진형민, 창비, 2015.

행복한 주말 북카페

강원 교통방송에서 진행하는 〈행복한 주말 북카페〉란 프로그램이 있었고, 2014년 12월부터 6개월 동안 이 방송에 참여한 적이 있었습니다. 매주 토요일 8시 30분 쯤 시작하여 대략 15분 정도 진행하였습니다. 메인 앵커랑 대담하는 형식이었는데, 당시 사회를 맡았던 앵커의 탁월한 진행 능력도 많이 배웠던 행복한 북카페 프로그램이었습니다.

일반적으로 책 방송은 청취자의 관심도가 좀 떨어진다고 여기는 면도 있습니다. 그래서 먼저 책 선정에 관심을 많이 가졌습니다. 청취자가 읽고 싶은 책을 소개해 드려야 관심을 가지기 때문입니다. 시대적인 특징으로 국민들은 감각적이고 재미있는 내용에는 관심이 많지만 책 이야기는 시청자의 관심을 끌기 어려운 면도 있지요.

다음으로 책 방송을 준비하면서 신경 쓴 것은 '책 이야기를 재미있게 진행해 보자'입니다. 그래서 이야기식 독서 토론 발문 형태로 아이들과 토론해 본 경험을 살려 시청자들에게 묻고 답하는 식으로 방송을 진행하였습니다.

책 방송을 하면서 느낀 점은, 책 방송도 독서 토론처럼 책 선정도 재미있고 진행도 재미있어야 하겠구나 생각해 보았습니다. 즉 독서 토론 방송이 되면 라디오 청취자나 텔레비전 시청자의 관심을 끌 수 있고, 교양과 삶의 질도 향상할 수 있을 것이라 생각해 보았습니다.

여기에 그 한 편을 간단히 소개해 봅니다.

〈행복한 주말 북카페〉
그림책 『마지막 거인』에서 세상을 만나다

이혜경 MC(가명, 이하 MC) 책은 모험입니다. 책은 꿈입니다. 책은 사랑입니다. 책은 우리에게 많은 이야기를 해줍니다. 여러분에게 마음의 양식이 되어주고, 힐링이 되어줄 다양한 책 이야기로 만나보는 시간.
〈행복한 주말 북카페〉 시작합니다.

MC 집에 돌아오자마자 나는 새로 산 그 물건을 서둘러 연구하기 시작했습니다. 바짝 달아오른 내 호기심은 차츰 놀라움으로, 그다음에는 당혹감으로 바뀌었습니다. 예사롭지 않은 크기의 그 이빨은 여느 어른의 어금니와 꼭 닮았던 것입니다.
이에 세밀하게 그려진 그림은 몇 달간의 세심한 관찰과 정교한 연구를 필요로 했습니다. 내 끈질긴 노력은 이빨 뿌리 안쪽 면에 새겨진 미세한 지도를 발견함으로써 보상을 받았습니다.
지도는 이상한 형상들이 뒤얽혀 있어 쉽게 갈피를 잡을 수 없었습니다. 하지만 강의 흐름과 산맥들 그리고 그 사이에 끼어 있는 그 지역만은 분명하게 드러났습니다. 내 서가의 아주 오래된 책에 묘사된 바에 의하면 그것은 흑해의 원천에 있는 '거인족의 나라'가 틀림없었습니다.
나는 곧 가방을 꾸리고 긴 여행을 준비했습니다.

MC 〈행복한 주말 북카페〉 이혜경 MC의 음성으로 프랑스 작가 프랑수아 플라스가 쓴 『마지막 거인』의 한 대목으로 문을 열었습니다.

이 시간에는 그동안 읽고 싶었던 책이나, 재미있는 책을 위주로 전문가와 함께 다양한 책 이야기를 나눠보는 시간이죠?

오늘도 전국독서새물결모임 회장이시자, 진광중학교에 재직 중이신 임영규 선생님이 함께해 주셨습니다. 안녕하세요?

한 주 동안 어떻게 지내셨는지요?

임영규(이하 임) 안녕하세요.

MC 오늘 갖고 나오신 책 제목이 『마지막 거인』인데요.

이 책이 그림책이라고요?

임 예, 오늘은 좀 특별한 책을 여러분께 소개해 드리려고 합니다.

유명한 작가의 유명한 그림책인데요, 프랑스 작가 프랑수아 플라스가 1992년 출간한 『마지막 거인』이란 그림책인데요. 이 책을 발표하면서 작가이자 삽화가로 세상에 널리 알려졌고 수많은 상을 타기도 했습니다.

MC 어린 아이들이 읽는 그림책을 생각하면 될까요?

임 그림책은 말 그대로 글이 아니라, 그림을 통해 기막히게 작가의 생각을 표현하는 책으로 책을 읽는 이로 하여금 무한한 상상력으로 작가의 생각을 읽어내는 책이라 할 수 있죠. 물론 그림만으로 표현이 가능하지만 글을 최소한으로 넣기도 합니다. 또 그림책을 읽으면서 작가의 생각을 넘어서는 상상력으로 책의 재미를 흠뻑 느낄 수 있는데요. 혜경 씨 말씀대로 보통 그림책 하면 어린이들이 보는 책으로 단정하기 쉬운데요, 동화책과는 달리 그림책은 어른들이 봐도 좋은 책으로 최근 많이 주목받고 있는 장르이기도 합니다.

MC 그럼 본격적으로 『마지막 거인』 이야기를 해볼까요? 어떤 책인가요?

임 지난번 『열하일기』 소개할 때 한번 말씀드렸던 적이 있는데요. 『걸리버 여행기』라고 들어보셨죠? 소인국을 여행한 재미있는 동화책이요. 그런데 이 책은 말 그대로 거인국 이야기입니다.
『걸리버 여행기』는 우연히 거인국을 만난 이야기이지만 이 책은 거인국이 있다는 정보를 알게 되어 탐험을 하면서 거인국을 찾아내는 이야기죠.

MC 탐험 얘기는 언제 들어도 재밌더라고요. 『마지막 거인』의 자세한 내용이 궁금해지는데요?

임 우연한 기회에 거인의 이빨을 구한 주인공 루트모어는 그 이빨을 살피다가 그 속에 그려진 지도를 발견하고 여행을 하게 되죠. 길고 험한 여정 끝에 모든 동행자를 잃고 도달한 곳에서 주인공은 9명의 거인을 만나게 됩니다.

거인들의 삶은 정말 달콤하고 아름답고 행복했습니다. 거인들은 그 자체로 자연이었지요. 그들이 보고 듣고 느낀 것을 인간처럼 종이에 기록하는 것이 아니라, 몸에 문신이 남습니다.

거인들은 식물, 흙, 바위를 가끔씩 먹었고, 3천 년 이상을 살면서도 200년 동안 3년 정도만 깨어 있을 뿐, 거의 모든 시간을 자연 속에 잠들어 있었죠. 주인공이 그 거인들과 10개월을 보낸 이야기가 감동이었습니다.

MC 10개월 동안 거인들과 함께 보냈다고요? 와! 그 시간 동안 여러 가지 일들이 생겼을 것 같은데요.

임 열 달을 자연 속에서 지낸 주인공이 지루함을 느끼자 그 마음을 알게 된 거인들이 그가 집으로 돌아가도록 도와줍니다. 거인들의 눈물을 뒤로하고 집으로 돌아온 그는 방에만 있으면서 거인들의 삶에 대한 책을 쓰기 시작합니다. 그것이 비참한 결과를 낳을 거란 것을 꿈에도 모른 채 말이죠.

MC 주인공이 책을 쓴 다음에 무슨 일이 일어난 모양이죠?

임　주인공이 거인국 탐방단을 이끌고 거인국을 다시 찾아가는 길에, 거인 중에 가장 크고 자신을 잘 챙겨주었던 거인 안탈라의 머리가 잘린 채, 송아지가 끄는 마차에 실려 다가오는 것을 보게 됩니다. 그리고 나머지 거인들도 모두 죽임을 당한 것을 알게 되죠. 자기가 쓴 책 때문에 마지막 거인들이 모두 죽게 된 것을 목격한 주인공은 분노와 공포와 고통에 사로잡혀 침묵에 빠져들고 맙니다.

MC　결국, 주인공이 쓴 책을 보고, 우리 인간이 거인국을 찾아가서 그들을 모두 죽인 건가요?

임　그렇습니다. 그래서 책 제목도 『마지막 거인』인 것이죠.
우리 인간이 마지막 남은 거인을 모두 죽인 것입니다. 이 책은 별을 꿈꾸던 아홉 명의 아름다운 거인들과 명예욕에 사로잡혀 눈이 멀어버린 못난 남자의 이야기를 그리고 있는데요.
이 책에서 거인은 다름 아닌 '자연'을 상징합니다. 못난 남자는 말할 것도 없이 인간들이고요. 저자는 자연과 더불어 함께 살아가지 못하고 자신을 낳아준 자연을 파괴하며 살육하는 데 주저함이 없는 인간의 사악한 이기심을 조용히 비판하고 있는 것입니다.

MC　『마지막 거인』이란 이 책을 소개해 주신 이유가 뭔지 궁금해지는데요?

임   "침묵을 지킬 수는 없었니?" 이 그림책 후반부에 나오는 이야긴데요. 그것은 머리 잘린 거인 안탈라가 주인공에게 한 말만은 아닙니다. 결국 잔인할 정도로 자신의 잇속만 챙기는 우리들에게 자연이 온몸으로 외치는 말이기도 하죠.

거인은 자연이었고 그들은 우리를 사랑하였습니다. 그런데 인간은 왜 우린 자연을 그렇게 괴롭히고 있는 걸까요? 새해엔 우리 인간과 자연이 공존하는 그런 행복한 세상을 꿈꾸면서〈행복한 주말 북카페〉. 오늘은『마지막 거인』을 소개해 드렸습니다.

MC   오늘 임영규 선생님과 함께 한〈행복한 주말 북카페〉『마지막 거인』을 만나봤습니다. 다음 시간에도 재미있고, 감동 있는 책 기대해 보겠습니다. 선생님 고맙습니다.

나가며

독서 교육으로 나라 살리기

코로나가 끝없이 확산되고 있는 지금 우리에게 어떤 어려움이 있습니까? 어떤 두려움이 있습니까? 우리나라는 어떻게 해야 나라다울까요?

미국의 대통령, 영국과 독일의 총리에 주목해 본 적이 있었습니다. 그분들은 대통령과 총리에 취임하면서 첫 화두가 교육을 통한 행복한 국가 건설이었습니다. 교육은 국가 백년 계획의 으뜸이니까요. 우리나라에도 그런 대통령이 한 분 계십니다. 먼저 그분의 취임사를 들어볼까요?

"우리 민족은 높은 교육수준과 찬란한 문화적 전통을 가진 민족입니다. 우리 민족은 21세기의 정보화시대에 큰 저력을 발휘할 수 있는 우수한 민족입니다. 새 정부는 우리의 자라나는 세대가 지식 정보 사회의 주역이 되도록 힘쓰겠습니다.

초등학교부터 컴퓨터를 가르치고 대학 입시에서도 컴퓨터 과목을 선택할 수 있도록 하겠습니다. 세계에서 컴퓨터를 가장 잘 쓰는 나라를 만들어 정보대국의 토대를 튼튼히 닦아 나가겠습니다.

교육개혁은 오늘날 우리 사회가 안고 있는 산적한 문제를 해결하는 핵심적인 과제입니다. 대학 입시 제도를 획기적으로 개혁하고 능력 위주의 사회를 만들겠습니다.

청소년들은 과외로부터 해방되고 학부모들은 과중한 사교육비로부터 벗어나게 하겠습니다. 지식과 인격과 체력을 똑같이 중요시하는 지·덕·체의 전인 교육을 실현시키겠습니다.

이러한 교육개혁은 만난(萬難)을 무릅쓰고라도 반드시 성취하겠다는 것을 저는 이 자리를 빌려 굳게 다짐합니다."

어느 분의 취임사였을까요? 이분의 취임사대로 우리나라는 정보대국이 되어 선진국으로 진입하였고, 최첨단 반도체고- 스마트폰 시대를 앞당길 수 있었습니다. 교육으로 우리나라를 선진국으로 이끌어 주셨습니다. 교육개혁을 강조한 유일한 대통령이셨습니다. 그러나 이건 아직 미완이지요. 교육개혁은 만난을 무릅쓰고라도 반드시 성취하겠다는 약속을 이어갈 대통령을 기다려봅니다.

이분은 문화개혁에도 관심을 가지셨습니다. 잠깐 취임사를 이어 듣겠습니다.

"우리는 민족문화의 세계화에 힘을 쏟아야 합니다. 우리의 전통문화 속에 담겨 있는 높은 문화적 가치를 계승 발전시키겠습니다. 문화산업은 21세기의 기간산업입니다. 관광산업·회의체산업·영상산업·문화적 특산품 등 무한한 시장이 기다리고 있는 부의 보고입니다."

이분의 취임사 예언대로 지금 한류가 온 세계를 휩쓸고 있습니다. 〈오징어 게임〉이 그렇고 방탄소년단도 그렇지요. 세계 각국 유명 대학에 한국어과 열풍이 강풍이 되고 있습니다. 저도 35년간의 교사 생활을 마치고 정년퇴임한 이후 러시아 국립 노보시비르스크 경제경영대학교 한국어과 교수로 초빙을 받아 러시아로 나갑니다.

노보시비르스크는 러시아에서 세 번째로 큰 도시이며 시베리아 횡단 열차가 지나는 교통의 요지이자 경제와 과학이 일찍 발달된 신도시입니다. 그리고 38개 고등 교육 기관인 대학교가 있는 교육 도시이기도 합니다. 국립 노보시비르스크 경제경영대학교(NSUEU)에는 29개 학과가 있고 학생 1만 4천여 명, 교직원 600명이 있는 학교로 러시아에서도 손에 꼽히는 학교라고 합니다.

이제 노보시비르스크 경제경영대학교(NSUEU) 한국어과 교수로 인생 2기의 첫걸음을 뗍니다. 러시아 대학생들에게 세계 최고의 언어인 한국어를 어떻게 하면 잘 가르칠 수 있을까 고민하며, 연구하며 자료 정리를 하고 있습니다. 더불어 독서새물결 우리 법인에서 NSUEU에 세종학당도 만들어 노보시비르스크 경제경영대학교(NSUEU) 1만 4천여 명의 학생과 600명의 교직원들에게도 한국어와 한국 역사, 한국 문화를 가르치는 교육 선교를 준비하고 있습니다.

또한 2018년에 우리 법인이 현지 선교사님들과 함께 설립하여 운영하고 있는 미얀마 양곤 프라미스 학교나 미얀마 국립 한국기술학교와 연계하여 미얀마에도 세종학당을 준비하려고 합니다. 미얀마에서 진행할 세종학당도 잘 준비하여 미얀마 영혼들도 미래 행복한 삶을 살 수 있도록 도우려고 합니다. 그다음 국가는 어디가 될까요? 우리 법인은 세계 곳곳에 한국어와 한국 문화의 전도자가 되고자 합니다.

  대통령 취임사 얘기하다가 좀 엉뚱한 이야기로 빠졌네요. 이처럼 김대중 대통령은 교육과 문화 대통령으로도 손색없는 분이셨습니다. 이 땅에 교육 잘하는 교육감이 선출되고 교육을 국가 백 년의 계획으로 존중하는 대통령과 위정자가 나올 때까지 그저 묵묵히 우린 독서 교육으로 다음 세대를 키우겠습니다. 김대중 대통령 말씀처럼 학원이 아니라 학교를 존중하며 학교 교육을 통해 다시 대한민국을 살려야 합니다.

  위기의 대한민국 교육을 살리기 위해 교육과정이 개정되고 있습니다. 2022 개정 교육과정은 예측 불가한 미래 사회에 능동적으로 대비하기 위해 학생 맞춤형 교육과정을 강화하는 것이 핵심입니다. 학생들의 탐구 역량 강화를 위한 교과 재구조화 및 과목 선택권을 확대한다는 것입니다. 학교 교육과정의 자율성도 강화하기로 하였습니다. 학교 자율 시간 도입, 시도별 지역 교육과정 근거 마련 등 교육과정 자율성을 확대합니다.

  또한 2022 개정 교육과정은 초등학교 놀이 및 신체활동 강화, 중학교 자유 학기 학교 운영 방안 개선, 고교학점제 등을 통해 목표로 설계되었습니다. 행복한 미래 교육을 위한 방향을 제대로 잡은 듯 보입니다. 문제는 이러한 교육과정이 학교 현장에서 실천되어야겠지요? 구호만이 아니라 실제 학교 현장에서 어떻게 적용 가능할까요? 정량적 입시 제도에서 정성적 입시 제도로 개선이 필요합니다. 나아가 마을 단위 독서학교, 진로학교가 정규 교육과정에 포함되도록 운영하는 겸손함과 지혜가 필요할 것입니다.

(사)전국독서새물결모임에서 곧 독서 전문 대안학교인 미네르바 독서학교를 개교합니다. 미네르바 독서학교는 학생 개별 맞춤형 독서 교육과정을 개발하여 예측 불가한 미래 사회에도 행복한 진로를 설계하고 추진할 수 있도록 디자인하였습니다. 학생들이 대상 도서를 읽으며 자연스레 이웃과 인류를 위한 진로를 설계할 수 있는 마을 독서학교로 출발합니다.

코로나 시대와 같은 예측 불가한 미래 시대를 위해 미네르바 독서학교와 같은 미래형 학교와 마을 학교, 독서학교, 진로학교 등으로 우리 다음 세대 아이들의 행복한 미래를 준비해야 합니다. 학생 개별형 맞춤 독서 교육과정도 개발해야 합니다. 진로독서 중심의 공감 독서 교육으로 미래 교육을 준비해야 합니다. 학교는 사라지더라도 교육은 남는 것을 아는 교육행정이 펼쳐져야 합니다. 맞춤형 교육과정과 교육 중심 교육행정이 펼쳐져야 합니다. 독서 교육 잘하는 교사 출신 교육부 장관이 나와야 하며, 교사 출신 대통령이 나와야 합니다.

현재 우리나라를 위기의 나라라고 보는 분들이 많습니다. 그리고 동서와 남북의 대립과 갈등, 빈부의 격차 심화, 미세먼지, 자주국방과 외교권 구사, 미래에너지 등 산적한 문제를 얘기하곤 합니다. 무엇보다도 경제와 복지 문제도 심각하지요. 평생 교단을 지킨 저로서는 당연히 교육의 위기 시대라고 봅니다.

몇 년 전『소리 질러, 운동장』이란 책을 원주 시민들이 함께 읽은 적이 있습니다. 이 책은 야구부에서 쫓겨난 김동해와 야구부에 들어가지 못한 공희주가 막야구부를 만들어 즐겁게 야구하는 모습을 그린 책입니다. 운동장에서 뛰어노는 아이들의 이야기 속에 정의, 진리, 평등 등의 소중한 가치가 묻어나며 아직도 학원에 다녀야만 하는 아이들에게 운동장은 협상과 행복을 배우는 공간이 되었습니다. 새로운 교육 공간이 된 것이지요.

자유학년제가 되면서 학원에서 해방되나 했더니 도리어 학원을 더 많이 다니게 만들어 버렸네요. 공부는 학원에서, 친구 사귀는 것은 학교에서. 이제 우리 아이들이 학원에 안 가고도 행복한 미래를 살 수 있으면 좋겠습니다. 선생님들과 아이들이 운동장에서 맘껏 뛰노는 세상이 언제쯤 올까요?

그런데 교사가 교육을 포기한 지금이 바로 가장 큰 교육위기 아닐까요? 교사를 교단으로 다시 초청해야 합니다. 교육을 잘 시켜 달라고 요청해야 합니다.『소리 질러, 운동장』처럼 교실에서도 토론도 배우고 협상도 배우며 우리 다음 세대가 행복한 미래를 준비하도록 최선을 다해야 합니다. 학교에서 교육이 이루어지도록 국가가 책임지고 뒷받침하고, 교육청이 지극정성으로 후원하고 도와드려야 합니다. 교사가 우리 다음 세대 교육을 잘 하도록 국민들이 신뢰로 지원해야 우리 미래에 희망이 있습니다.

현재 우리 사회는 정의롭다고 생각하시나요? 국가의 리더십은 차치하고 우리 교육의 미래 지향 리더십은 존재하고 있을까요? 우리 다음 세대가 훗날 행복한 삶을 살 수 있는 교육이 펼쳐지고 있을까요? 적정기술의 가치관으로 자신의 진로를 설계하고 독서 교육으로 뒷받침하는 교육이 펼쳐지고 있을까요? 자유학기제가 있고 진로 상담 교사가 학교마다 있지만 학생들은 여전히 학원으로 향합니다. 학교는 쉬어도 학원은 꼭 나갑니다. 의사를 희망하는 아이에게 물었습니다. 왜 의사가 되고 싶냐고. 그 아이는 한 치의 망설임도 없이 "돈을 많이 벌 수 있으니까요." 하고 답합니다.

우린 미네르바 독서학교를 통해 사람 살리는 교사, 의사, 대장장이, 제빵사, 경찰, 구급대원, 환경미화원, 공무원, 회사원이 되도록 지도합니다. 적정기술의 가치관으로 우리 아이들의 진로를 지도하여 다음 세대가 행복하기를 기대합니다. 미네르바 독서학교는 주말 대안학교로 진행합니다. 개인별 맞춤형 독서 교육과정을 개발하여 2022 개정 교육과정에서 놓친 독서 교육으로 우리 교육을 살리려 합니다. 우린 독서 교육으로 대한민국을 살리고 싶습니다.